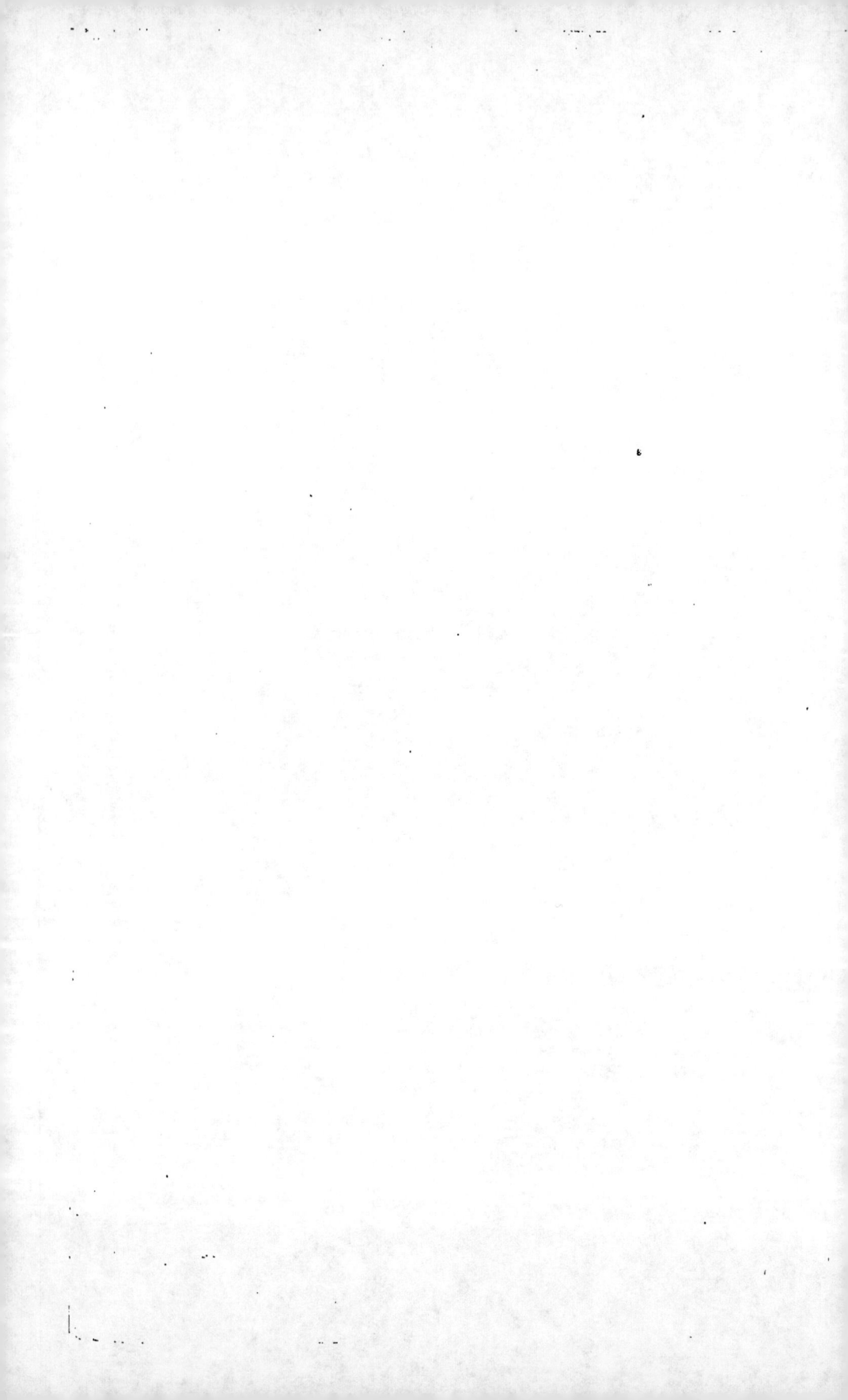

ÉTUDE

SUR

LA CRÉATION

D'UN

PORT A CAPBRETON

PAR

M. l'Abbé ED. PUYOL.

BAYONNE,

Imprimerie de veuve LAMAIGNÈRE, rue Chegaray, 39.

1862.

« Il a été un temps où la discussion des travaux publics
« était renfermée dans un cercle peu nombreux, mais
« suffisant, de personnes instruites, pour éclairer et dé-
« cider sur l'utilité et les avantages d'un projet, sur les
« principes et les moyens de son exécution ; alors on
« n'en exigeait pas plus. Mais à présent il faut davantage ;
« et le public, plus attentif à ses intérêts, voit d'un autre
« œil tous les travaux qu'on exécute pour lui. Il ne suffit
« plus d'ordonner des projets destinés à stimuler son
« industrie, augmenter ses moyens et faciliter son com-
« merce ; il faut encore qu'il connaisse les bases sur
« lesquelles reposent ces projets ; qu'il juge s'ils sont
« dignes des sacrifices qu'il veut bien faire pour leur
« exécution (1). Ces judicieuses pensées d'un des plus
habiles ingénieurs que la France ait possédé serviront
de protection et d'excuse aux pages suivantes.

(1) *Mémoire sur les côtes de la Haute-Normandie*, par Lamblardie ;
au Havre, 1789, in-4°.

S. M. Napoléon III a ordonné la création d'un port à Capbreton. La glorieuse lignée des préfets de Mont-de-Marsan, M. Cornuau, M. d'Auribeau (dont le souvenir réveillera toujours dans nos contrées une profonde reconnaissance et une vive affection), M. Dureau, et enfin aujourd'hui M. de Vougy, a toujours couvert le port de Capbreton d'une protection toute particulière. Il nous semble utile de faire ressortir la sagesse des actes de l'autorité; de montrer que ni l'Empereur, ni l'administration si remarquable qui régit le département des Landes, ne se sont laissés entrainer à chérir un favori sans mérite.

Enfin, en publiant cette Etude, nous obéissons à une impulsion de notre cœur. A la veille de quitter des lieux où nous avons coulé de bien douces heures dans l'obscurité et le travail, nous nous demandons quel est l'adieu que nous laisserons à nos anciens paroissiens. Eh ! pouvons-nous autre chose, si ce n'est leur livrer le résumé des réflexions et des vœux que nous ont inspiré, pour leur bien-être, notre dévouement et notre affection si profonds!

CRÉATION D'UN PORT A CAPBRETON.

CHAPITRE PREMIER.

Généralités économiques et politiques sur les ports de mer.

A l'occasion des divers travaux qui s'exécutent ou doivent s'exécuter sur les divers points de notre littoral, il n'est pas rare d'entendre des hommes de mérite, des écrivains autorisés parmi nous, s'efforcer de jeter un blâme général sur toute tentative de cette nature. A quoi bon tant de ports de mer ? disent-ils. Pourquoi les multiplier au moment où les chemins de fer commencent à les remplacer et à les supprimer? En France, moins en aurons-nous, mieux cela vaudra.

Cette fin de non-recevoir nous a été si souvent opposée, elle semble tellement s'imposer à l'esprit du public, qu'il nous semble nécesaire de faire ressortir la nécessité économique et politique des ports de mer. Ainsi, serons-nous justifié d'avance de poursuivre de nos vœux et de nos efforts l'augmentation de nos établissements maritimes.

§ I. — Considérations sur les ports de mer au point de vue de l'industrie des transports.

S'il est vrai, comme le dit un célèbre économiste (1), que *produire ne soit autre chose que mouvoir*, il s'ensuit que le transport précède, dans la théorie comme dans la pratique, toutes les industries ; qu'il en forme la base, l'essence et le faîte, et qu'ainsi la loi du transport occupe dans la science économique un rang supérieur à celui de la division du travail elle-même. Aussi J.-B. Say a-t-il pu surabondamment prouver que le travail du voiturier et du commerçant est productif au même titre que celui du laboureur et du fabricant, attendu qu'il ajoute une utilité à la matière.

L'industrie voiturière, dont le commerce n'est qu'une importante subdivision, est le lien des industries, et il n'est pas plus possible de contester l'indispensable nécessité de son concours, au point de vue des autres productions, qu'il n'est possible de méconnaître sa puissante action comme agent social et civilisateur.

Cette influence du commerce des transports sur les autres industries est tellement frappante, qu'on en a fait une des lois fondamentales de l'économie politique : l'étendue du travail, disent les maîtres de la science, est en raison directe de la facilité des débouchés, et la facilité des débouchés est en raison directe de la facilité des transports. Or, entre tous les autres, les pays maritimes sont favorables au travail de la production, car le transport par mer est le moins dispendieux de tous et offre le monde entier pour débouché. Jetons les yeux sur la carte. Nous y verrons que les pays les plus avantageusement situés auprès de la mer sont ceux qui ont non-seulement fait le commerce les premiers, mais encore cultivé avec succès les autres arts industriels. Où est le berceau du commerce et de l'industrie dans le monde ancien ? En Egypte, traversée par le grand Nil et

(1) John Stuart Mill. — *Principes d'économie politique.*

baignée de deux mers. Le rôle de l'Egypte fut continué d'abord par la Grèce, et enfin par l'Italie, deux presqu'îles que la nature a tellement découpées qu'elles absorbent la mer par tous les pores.

Pourquoi la France ne l'emporte-t-elle pas sur d'autres nations, sur l'Angleterre par exemple, au point de vue industriel?

« Une des principales causes de notre infériorité dans cer-« taines fabrications tient, on le sait, à l'imperfection relative de « nos voies de communication ; aussi leur développement, leur « amélioration ont-ils été l'objet constant des préoccupations et « des soins de tous les gouvernements qui se sont succédé « depuis le commencement du siècle (1). »

A mesure que les besoins de l'industrie et de la consommation s'accroissent, les moyens de communication acquièrent une nouvelle importance, et tout ce qui peut les rendre plus utiles, plus prompts et surtout plus économiques, doit exciter à un haut degré l'attention du public. C'est dire combien il importe aux besoins de la France d'ouvrir sur son littoral de nombreux points d'accès ou de sortie. Bientôt nous posséderons un réseau de lignes ferrées, heureusement disposées pour les communications intérieures. Mais, avec le système de la liberté du commerce qui dominera bientôt sur le monde entier, tout chemin de fer doit aboutir à un port de mer pour qu'il soit possible d'échanger les produits étrangers contre les produits indigènes. Le libre-échange est loin encore d'avoir dit son dernier mot parmi nous, et cependant cette année même nous avons pu comprendre combien nos voies de transport sont insuffisantes, lentes et coûteuses, et plaise à Dieu que la leçon ne soit pas perdue. Le port de Marseille ainsi que tous nos ports de grand commerce étaient encombrés de grains, et dans l'intérieur de la France l'approvisionnement ne se faisait qu'avec la plus grande peine. Ce n'était pas tant la faute de nos voies ferrées que de la rareté de nos

(1) Lamarle. — Du concours des canaux et des chemins de fer. (*Annales des Ponts et Chaussées*, tom. XVIII, 6ᵉ cahier, 1859.)

stations maritimes. Dans ces circonstances, les voies ferrées seront toujours insuffisantes. Ce qu'il faut à la France, c'est un plus grand nombre de ports pour qu'elle puisse aspirer sans étranglement tous les produits nécessaires à sa consommation. Nous ne pensons pas à tous les retards, à tous les déchets que les marchandises venues par mer éprouvent avant d'arriver à leur destination, de combien de frais inutiles elles sont grevées. Nous nous en apercevrons quand par le progrès des sciences commerciales ou par la nécessité, nous aurons été amenés à comprendre que la première condition de toute industrie est la facilité du transport (1).

Ainsi donc, perfectionner les communications de la France avec la mer, et surtout créer sur son littoral de nombreux ports, ce sont là des questions de première nécessité dont l'ajournement entraînerait les conséquences les plus fâcheuses.

§ II. La politique et les ports de mer.

La politique de la France n'est pas seulement une politique commerciale ; malheureusement, les temps où les oppositions des nations seront, à ce qu'il paraît, seulement industrielles, ne sont pas encore arrivés. En attendant cette époque fortunée, la France est obligée d'entretenir une puissante marine de guerre pour se maintenir dans sa force et sa sécurité. Qui veut dominer sur terre, dit l'ancien axiome de la politique, doit dominer sur mer.

Ou dit que la France n'est pas une nation maritime. Il est bien vrai qu'elle ne l'est pas autant qu'elle devrait et pourrait

---

(1) A propos de la crise des céréales de l'hiver dernier, un journal s'exprimait ainsi : « Si l'on pouvait calculer le dommage occasionné au « pays soit par le séjour trop prolongé des grains à leur point d'arrivée, « soit par les avaries et les déchets occasionnés par ces délais forcés « qui ont fatalement pesé sur les cours et renchéri le blé au détriment « du consommateur, la perte se traduirait par des millions. »
(*Messager de Bayonne*, 18 janvier 1862, n° 2,322.)

l'être. Comment en serait-il autrement ? Elle est presque dépour-
vue de ports. Sur un développement de 1,600 kilomètres de côtes
qu'elle possède à l'Océan , on ne voit qu'une seule belle échan-
crure naturelle à l'extrémité de la Bretagne , la rade de Brest,
qui mérite le nom de port. Peut-on donner ce nom à tous les
autres chétifs chenaux de marée , situés sur son littoral, qui durant peu d'heures chaque jour sont accessibles à l'entrée et à la
sortie des navires ? Il faut en vérité admirer l'intelligence , le
courage et l'infatigable ténacité des habitants de nos villes maritimes en présence du résultat qu'ils ont obtenu , malgré tous ces
obstacles. Et non-seulement on peut dire que la France manque
de bons ports, mais encore que ses grands fleuves présentent,
tous, sans exception, à leurs embouchures, des difficultés et des
dangers faits pour rebuter les meilleurs marins (1).

Que cette disette d'éléments maritimes soit la cause de l'indiffé-
rence presque générale des Français pour la navigation ; que la
raison en doive être prise dans les tendances continentales de la nation, peu importe ! toujours est-il que le gouvernement ne peut pas
abandonner l'esprit du pays à ses propres instincts. Il faut à la
France une marine militaire. Le pouvoir est parvenu à la créer
et à la constituer. Par une de ces inimitables combinaisons qui
ne sont possibles qu'à une certaine heure de l'évolution sociale ,
le génie de Colbert a fait de tout matelot français l'organe voué à
la défense du pavillon. C'est l'inscription maritime qui a fait et
qui seule pouvait faire de la France une puissance maritime.

Aujourd'hui surtout il est possible de voir combien la
création de Colbert est en harmonie avec les destinées de la nation que dota sa prévoyance. Sans l'inscription maritime, comment parviendrait-on à entretenir notre flotte ? Il ne faut rien
moins que cette savante organisation pour maintenir la marine
militaire sur un pied respectable. Et en présence de l'amoin-
drissement perpétuel et progressif du matériel et du personnel
de notre marine marchande, n'y a-t-il pas à redouter que la

(1) *Patrie* du 22 avril 1860.

puissance navale de la France ne soit bientôt tarie dans sa source ?

On le sent déjà vaguement. Et pour appeler les marins, l'Etat élève le taux des primes, des soldes et des retraites ; il offre à ses matelots des avantages que le commerce français ne parviendra jamais à dépasser. Ce palliatif, loin d'arrêter la marche du mal, l'accélérera au contraire. Ces mesures parviendront-elles à augmenter le nombre des marins français ? Non évidemment. Or, c'est là toute la question. Il est même facile de prévoir que l'Etat, absorbant à lui la majeure et meilleure partie du personnel, fera à la navigation française une désastreuse concurrence qui aura pour dernier résultat, dans l'état actuel de choses, de rendre impossible les armements nationaux, de diminuer considérablement l'effectif maritime, enfin, de remettre tout le transport naval aux mains des Anglais.

Nul autre moyen d'échapper à ces conséquences que de développer autant que possible les vocations pour la marine. Et pour cela, il faut des mesures radicales. Si l'on voulait avoir beaucoup d'ouvriers, on multiplierait les ateliers et les manufactures ; pour obtenir des laboureurs, on créerait des fermes. Si l'on veut beaucoup de marins, il n'y a qu'à construire les ateliers où ils se forment, c'est-à-dire, des ports.

Que l'on ouvre l'entrée de nos grandes rivières, que l'on exécute dans nos ports de marée des travaux qui les rendent accessibles aux heures de basse mer ; que l'on crée sur notre littoral une ceinture d'abris et de ports de pêche ; pour perfectionner cet ensemble de mesures, que l'on facilite à la batellerie la libre circulation intérieure jusqu'à la limite navigable de nos rivières de troisième ordre, et l'on verra ce que peut le génie maritime de la France débarrassé de toutes ses entraves.

Est-il possible de mesurer le degré de prospérité et de puissance auquel s'élèverait la France si elle était mise en état de tourner la force d'expansion dont elle est douée vers un grand essor maritime ?

§ III. — Des ports de mer au point de vue de l'alimentation humaine.

On nous pardonnera d'exposer ici le point de vue nouveau sous lequel la science tend à considérer la mer et les ports de mer ; le rôle qu'ils sont appelés à remplir dans l'alimentation de l'espèce humaine, c'est-à-dire dans le plus grand et le plus inquiétant problème de l'économie politique.

Malthus et ses disciples ont fait de l'accroissement de la population un épouvantail. D'après la formule du maître, la population aurait une tendance naturelle à croître suivant une progression géométrique (1, 2, 4, 8, 16, 32, 64, etc.), tandis que les subsistances ne croîtraient que suivant une progression arithmétique (1, 2, 3, 4, 5, 6, 7, 8, etc.). Malthus conduit donc la société, mathématiquement, à la misère universelle et éternelle. Fatale doctrine qui fait douter de la Providence et ne sait enseigner que d'immorales précautions! Combien est préférable la naïve confiance du législateur de l'impossible Icarie : « On prendra tous les moyens d'augmenter la population..... Le mariage des ouvriers sera favorisé. » (1)

Heureusement les faits accusent une tendance contraire à celle que Malthus signale. Sous Jean-le-Bon, la France comptait 12 millions d'habitants ; sous Louis XIV, 16 millions ; sous Louis XVI, 25 millions ; aujourd'hui près de 40 millions ; la France suffit pourtant à nourrir une population ainsi multipliée et, proportion gardée, le nombre des pauvres est infiniment moindre aujourd'hui que du temps de Louis XIV, par exemple.

La théorie de Malthus n'est vraie que pour une société inorganisée, où l'industrie, c'est-à-dire la division, la mécanique, la concurrence, l'échange, etc., sont absolument nuls ; ou la force collective n'existe pas. Elle ne peut nullement s'appliquer à une société organisée, fondée sur la séparation des industries et sur l'échange, où chaque homme produisant pour des millions

(1) Cabet. — Voyage en Icarie, pag. 359.

de consommateurs, est servi à son tour par des millions de producteurs. Dans une telle société, la production, c'est l'économie politique elle-même qui nous l'enseigne, s'accroît comme le carré du nombre des travailleurs. En d'autres termes, si la puissance de reproduction de l'espèce humaine s'exprime par la progression géométrique (1, 2, 4, 8, 16, 32, 64, etc.), la puissance de production de l'industrie devra s'exprimer par la progression (1, 4, 16, 64, 256, 1,024, 4,096).

Toutefois, s'il est vrai que le travail possède en lui-même la faculté de multiplier nos moyens d'existence en quantité supérieure à nos besoins, il n'est pas moins vrai que cet accroissement de subsistances ne s'obtient qu'au prix de beaucoup d'efforts, de souffrances, de temps, et qu'il se rencontre fréquemment des époques de transition, douloureuses mais fécondes, où l'homme lutte contre la disette et n'en est vainqueur qu'après avoir été cruellement éprouvé.

De nos jours l'appauvrissement réel et progressif du sol appelle l'attention et la sollicitude de la science.

« La science de l'agriculture se réduit en dernière analogie à ces deux préceptes : 1° rendre chaque année au sol en quantité et proportion égales, les éléments qu'il a perdus par la récolte de l'année précédente ; 2° faciliter, par les façons données à la terre et aux plantes, l'absorption végétale de ces éléments.

« D'où vient la richesse des forêts vierges, tant admirée des faiseurs de descriptions romantiques ? De ce que, depuis l'origine du globe, la terre qui les porte n'a pas perdu un atome de ses principes, et qu'en outre elle s'est continuellement enrichie de ceux que l'air, le soleil, la pluie et la végétation lui fournissent.

« Dans notre système d'exploitation demi-civilisée, c'est juste le contraire qui a lieu. Rien de ce que produit la terre n'y retourne ; tout est enlevé, transporté au sein des villes pour une consommation qui, au point de vue de l'agriculture, peut être considérée à bon droit comme non reproductive. L'absentéisme, si funeste aux populations, altère la constitution du sol lui-même, l'épuise, le dénude. Que peuvent contre cette exhaustion énergi-

que les combinaisons de l'assolement et la chimie des engrais ?
Retarder de quelques années une ruine inévitable , comme les
inventions de la cuisine retardent la consomption du débauché.

« C'est à cet appauvrissement du sol qu'il nous paraît ration-
nel d'attribuer le retour périodique des mauvaises récoltes, les
maladies des végétaux, et peut-être les épidémies venues à la
suite. Quand la nature perd l'équilibre, elle entraîne les populations. » (1)

Tel est le cri d'alarme arraché par la vérité au fougueux révo-
lutionnaire. Il faut que le mal ait fait des progrès très-évidents
pour que M. Proudhon se soit résigné, même une seule fois, à
adopter les idées des Malthusiens et des économistes de l'école
anglaise, dont il est l'implacable adversaire, j'allais dire l'implacable bourreau.

Mais voici la réponse de la science. Elle est calme , sûre
d'elle-même et pleine de consolations :

« Dans la mer, tout ce qui ne sert point à la nourriture de
l'homme ou nuit au développement des espèces comestibles, formera une source d'engrais concentrés où viendra puiser le laboureur, étonné de la fécondité de son sillon.

« Les astéries desséchées et réduites en poudre, les vases formées de débris organiques, les prairies sous-marines mises en
coupes réglées, les bancs d'anomies, les poissons chargés de
graisse, les têtes de sardine et de morue, les gisements de maërle
et de tangues fourniront des éléments capables de suffire à tous
les besoins de la terre, si perfectionnée qu'on en suppose la culture, si loin que l'on étende l'entreprise de son défrichement.

« L'emploi isolé de chacun de ces éléments, leur action combinée, leur pondération dans le mélange, permettront de sou-
mettre le sol à des traitements variés qui lui donneront plus que
la récolte ne pourra lui ravir, et préserveront ses fruits des in-
fluences morbides que suscite le défaut d'équilibre entre les
divers principes de nutrition.

(1) Proudhon. — *Manuel du spéculateur à la Bourse.* Considérations
finales, page 156.

« L'Angleterre demande en vain au guano des îles de l'Océan Pacifique et aux ossements des champs de bataille, le phosphore dont la science lui démontre que son territoire se dépouille.

« La Sicile , exténuée par les excès de récolte qui, pendant plusieurs siècles, en firent le grenier d'abondance de l'Empire romain, a perdu dans cette production à outrance les sels fécondants que l'imprévoyance humaine n'a pas cherché à lui rendre à mesure qu'elle les lui enlevait.

« Sur plusieurs points du globe le régime des assolements, ne répondant pas à toutes les indications d'une végétation normale, fait de la plante et de ses fruits le territoire vicié où se propagent, comme une levure funeste , ces êtres microscopiques ou infusoires capables de mettre en péril l'existence des nations quand ils envahissent la pomme de terre , la vigne , le froment, ou qu'ils s'attaquent à l'homme lui-même.... Ce sont, dans l'économie générale de la nature ,. d'incessants multiplicateurs de la matière vivante destinés à servir d'aliments à des espèces un peu plus grandes qui, absorbées à leur tour par d'autres espèces que l'œil distingue, établissent entre le monde invisible et le monde apparent une manifeste et fondamentale solidarité. Mais cette harmonie ne se conserve qu'à la condition d'un antagonisme toujours prêt à tourner au détriment du monde apparent lorsqu'une défaillance y ouvre carrière à de dévorantes invasions.

« La souveraine ambition de la science , à travers ce conflit à la fois salutaire et menaçant, doit donc être d'obtenir la virile expansion des espèces utiles, sans jamais permettre à ces ferments impalpables d'en devenir les parasites victorieux ou les agents perturbateurs. Or, comme les parasites ne prévalent jamais que sur les organes malades, il s'ensuit qu'un bon assolement deviendra l'héroïque préservatif de ces désastreuses épidémies ; car, en développant une végétation normale, il formera pour les animaux qui se repaissent de cette végétation une nourriture saine.

« La mer renferme et élabore dans son sein les principes sans cesse renouvelés de cet assolement ; tous les résidus organiques que les déjections des grandes villes renferment, ceux qui émanent des filtrations de la terre, conduits par l'entremise des fleuves dans cet immense récipient, viennent s'y mêler aux matériaux de nutrition dont il est largement pourvu. Les habitants des eaux, animaux ou plantes, en transforment les parties assimilables, ici en une denrée alimentaire pour l'homme, là en une substance propre à être convertie en préparations fertilisantes.

« Il n'y a donc qu'à puiser à cette source intarissable, et à mesure que, pour féconder la terre, on purgera les fonds des espèces nuisibles qui les encombrent, les races utiles s'y répandront comme une nouvelle moisson sur un sol où la mauvaise herbe cesse d'étouffer le bon grain.

« La multiplication de l'élément comestible, s'opérant alors en proportion de l'étendue des champs appropriés à son développement, ajoutera aux richesses naturelles celles bien plus grandes encore que l'art y aura créées. » (1)

Le lecteur nous saura gré de lui avoir mis sous les yeux cette page importante d'un mémorable travail où l'élévation du style est à la hauteur des pensées. Mais pour que l'idée de la mise en culture de la mer ne soit pas rangée au nombre des chimères ; pour que l'Océan soit transformé en une véritable fabrique de substances alimentaires, faut-il encore que le marin français soit à portée de son champ d'exploitation. Donc, il faut des ports accessibles et multipliés. Voilà la vraie condition du succès. Lorsqu'elle aura été remplie, le capital généreux dont le savant membre de l'Institut demande le concours ne fera pas défaut. Il s'empressera de mettre aux mains des ouvriers de la mer un matériel d'exploitation conforme aux besoins de leur périlleuse culture.

(1) Rapport de M. Coste à S. M. l'Empereur sur l'organisation des pêches maritimes. — (*Moniteur, 8 avril* 1861.)

CHAPITRE DEUXIÈME.

Nécessité et avantages du Port de Capbreton.

—

Ainsi, la création d'un port serait toujours, généralement parlant, dans l'organisme de la France, un acte de saine et prévoyante administration : nous l'avons vu dans le chapitre précédent. Actuellement la question est de savoir si l'idée qui s'est si souvent produite de construire un port à Capbreton, n'est point une idée creuse ; si les avantages seraient réels ; si l'on ne prend pas une ambition de clocher, un sentiment généralement accepté, peut-être, mais sans doute dénué de bases solides, pour une pensée juste et féconde.

En un mot : Y a-t-il raison suffisante de construire un port à Capbreton ?

§ I. — Histoire de la naissance du Port.

C'est une présomption très-favorable pour un projet que d'avoir été jugé nécessaire et réalisable depuis longtemps et par un grand nombre de sentiments. L'autorité des siècles, unie à celle de la multitude, est grande en matière d'intérêt public, et rarement faillible.

2

Or, le projet d'établir un port à Capbreton est fort ancien et appuyé par beaucoup d'autorités. De tous les projets relatifs à la construction d'un port dans le Golfe de Gascogne, c'est celui qui a été reproduit le plus souvent et sous plus de formes.

Son utilité fut reconnue dès le jour même où, par un concours de circonstances qu'il est inutile de rapporter ici, Capbreton perdit le port qui vivifiait le commerce de Bayonne et du Sud-Ouest de la France au profit du Vieux-Boucau. Le contraste entre la sûreté, la profondeur du port disparu de Capbreton et l'instabilité, les dangers du port nouveau du Vieux-Boucau, était bien propre à faire souhaiter le rétablissement de l'ancien état des choses. Aussi le frère de Louis XI, duc de Guyenne, se transporta à Capbreton (1) et fit commencer à grands frais les travaux d'établissement d'un port. Sa mort, survenue peu après, arrêta l'entreprise. — Quelques années plus tard, vers 1500, de nouveaux travaux furent commencés à la sollicitation des Bayonnais eux-mêmes : maladroitement dirigés, ils n'aboutirent à aucun résultat. (2) Dans ces siècles d'enfance scientifique, l'homme réduit à ses propres forces luttait seul contre la nature, et accumulait à grands frais des travaux essentiellement insuffisants, que les vices d'un mauvais système financier forçaient, d'ailleurs, à abandonner dès les commencements.

Lorsque, en 1578, Louis de Foix eut créé le nouveau port de Bayonne, on ne renonça pas au port de Capbreton. Henri III envoyait sur les lieux son lieutenant-général à Bordeaux, le maréchal de Matignon, pour prendre une détermination définitive. (3) — Peu après, Henri IV honorait les Capbretonnais d'une lettre autographe et leur expédiait le capitaine Dulac pour avoir l'œil sur la conservation de son port d'Albret et ce qui en dépend. (4) Les guerres civiles, au milieu desquelles rien de grand,

(1) *Archives de Bayonne*. Enquête des 8 et 9 décembre 1491.
(2) *Archives de Bayonne*. Enquête de 1556.
(3) *Archives de Capbreton*. Registre de 1580.
(4) *Archives de Capbreton*. Lettre du 4 juin 1584.

rien d'utile ne se peut ni entreprendre, ni terminer, firent perdre de vue la réalisation de tous desseins.

Enfin, survinrent les difficultés créées par la ville de Bayonne. Il est étrange, aujourd'hui, d'entendre parler des craintes inspirées à la grande ville de nos contrées par le petit bourg que nous connaissons. Au xviiᵉ siècle, le souvenir de l'époque où Bayonne se consumait dans la solitude, abandonnée par le commerce et l'industrie, était encore présent à tous les esprits. On se rappelait la prospérité de Capbreton élevée sur les ruines de Bayonne. La terreur chimérique de voir reparaître ces temps malheureux porta les Bayonnais à des actes d'une véritable cruauté. Non-seulement ils s'opposèrent, même à main armée, à l'établissement de tout hâvre à Capbreton; mais bien plus, prétendant un droit de seigneurie sur l'ancien lit de l'Adour, la communauté de Bayonne empêchait les Capbretonnais d'ouvrir en mer une issue directe aux eaux des inondations qui couvraient leurs champs et leurs demeures. Si l'on veut avoir une idée des mesures vexatoires inspirées par la plus inquiète prévoyance et favorisées par les plus odieux priviléges de l'ancien régime, il suffit de prendre connaissance des dossiers déposés aux archives de Bayonne concernant les rapports avec Capbreton. Nous recommandons en particulier un carton qui porte cette suscription énergique et peu sympathique : *Pièces contre les habitants de Capbreton et autres forbans.* — La déchéance de Capbreton se consomma rapidement. A la fin du xvᵉ siècle, c'était une ville de 8,000 âmes : en 1790, ce n'était qu'un hameau de 350 habitants. Chose curieuse : la ruine s'étendit jusqu'aux souvenirs historiques eux-mêmes. La mémoire de l'ancien port de Capbreton disparut en même temps que le port lui-même. Les habiles historiens de nos pays, Marca, Oihenard, Veillet, etc., n'ont pas même soupçonné son existence. Or, les preuves existaient nombreuses et évidentes aux archives de Bayonne. Si elles échappèrent aux investigations de nos savants compatriotes, c'est que, jusqu'à l'époque de la Révolution, la municipalité bayonnaise prit soin d'en dérober la connaissance à tout le monde. C'est l'opinion que nous avons eu l'honneur de recueillir de la bouche d'un des auteurs de la nouvelle et si remarquable *Histoire de Bayonne*, M. J. Balasque.

Toutefois, au milieu de cette lutte entre le puissant et le faible, lorsque tout semblait acquis à Bayonne, que Louis XIV envoyait un habile ingénieur, de Ferry, pour entreprendre ces gigantesques travaux à l'embouchure de l'Adour que notre siècle ne verra sans doute pas terminés, un homme aussi savant ingénieur que grand citoyen, celui qui laissa le plus de traces de génie dans tout ce qui se fit de grand dans ce grand siècle, l'immortel maréchal de Vauban, prononça une parole qui fut sur le point de compromettre le succès de cette longue et égoïste conspiration du silence. Chargé par Louis XIV d'examiner les points du golfe de Gascogne qui se prêtaient le mieux à l'établissement d'un port, il déclara que le seul lieu où l'on pouvait croire à une réussite certaine était Capbreton. L'entraînement des circonstances ne permit pas d'écouter cette voix ordinairement prépondérante. Cet avis du grand ingénieur n'eut d'autre résultat que de faire dresser à plusieurs reprises, à la fin du XVIIe siècle, et pendant tout le cours du XVIIIe siècle (en 1734 et 1759 par exemple), un assez grand nombre de plans de port pour Capbreton, lesquels n'ont jamais eu un commencement d'exécution, à raison du mauvais état des finances.

Depuis la Révolution, et grâce à l'organisation définitive du corps des ingénieurs, les projets pour le port se succédèrent avec la même régularité. En 1812, le préfet des Landes, par ordre de l'Empereur, fit visiter les lieux et dresser des plans et devis. Les circonstances critiques dans lesquelles se trouvait l'Empire ne permirent pas d'accueillir ses propositions. En 1814, le comte Molé, directeur des travaux publics, sembla prendre le projet en sérieuse considération : la Chambre de commerce de Bayonne, à ce qu'il paraît, éleva jusqu'au trône les réclamations les plus vives. La Restauration se borna donc à élever une espèce de phare pour servir aux futurs navigateurs du futur port de Capbreton. Sous la dynastie de Juillet, peu d'années s'écoulèrent sans que le Conseil Général des Landes, les divers préfets qui se sont succédé à Mont-de-Marsan, le Conseil Municipal de Capbreton n'aient adressé les plus instantes demandes au gouvernement. D'autre part, la marine ne cessait de signaler Capbreton comme un point éminemment propre à la construction d'un port. La science élevait aussi sa voix puissante, et le colonel du génie, Emy, cet homme d'une si sagace observation, qui a déterminé la nature, inconnue jusqu'à lui, du mouvement des ondes de la mer et inventé la courbe savante par laquelle les travaux de l'homme opposent la force des flots aux flots eux-mêmes, le colonel Emy, disons-nous, émettait sur les avantages que présente Capbreton pour l'établissement d'un port, un sentiment fortement motivé que nous serons heureux de mettre plus tard sous les yeux de nos lecteurs. Le gouvernement prenait toujours bonne note de ces informations, ne manquait pas d'envoyer de temps en temps des ingénieurs et des commissions pour examiner les lieux, et, si quelque curieux se hasardait à demander où les choses en étaient, on répondait invariablement que les études se poursuivaient.

La République n'interrompit pas ces longues études. Et qui sait combien de temps il aurait fallu pour terminer ce nouveau tissu de Pénélope ? Mais un monarque jaloux de perpétuer dans les siècles à venir la mémoire de son règne par l'exécution des entreprises les plus utiles et les plus grandes, vint à Capbreton, d'un coup d'œil saisit toute la question et prononça, le 19 septembre 1858, le *fiat* créateur attendu depuis plusieurs siècles.

Ce n'est pas un stérile désir de mettre à nu de vains et incapables efforts qui nous a fait raconter l'histoire du long enfantement de notre port. Nous voulons en faire jaillir un sérieux enseignement.

Qui se hasarderait à tenir comme non avenus cette longue chaîne d'aspirations, d'autorités, d'efforts ? Qui se sentirait le courage de refuser toute raison à cette voix générale et prolongée ? Les choses ne se tiennent en repos, dit M⁰ Lambert, que lorsqu'elles sont à leur place.

Toutefois sachons nous tenir dans de justes limites et ne donnons pas à ce consentement général une portée qu'il ne saurait avoir. Acceptons-le comme un préjugé favorable à notre cause :

mais, d'ailleurs, tenons-nous-en à ces deux vers de nous ne
savons quel poète, qui prouvent que les poètes disent parfois de
bonnes choses :

> *Non te dicentis moveat reverentia : si quid*
> *Dixeril, attendas qua ratione probet.*

On a donc toujours cru qu'il y avait lieu à construire un port à
Capbreton. Mais quelle espèce de port? Il y a loin du modeste
abri où se réfugie le frêle esquif du pêcheur, à l'immense rade
qui ouvre aux colosses de la mer son enceinte hérissée de canons.
Que fera de Capbreton le génie de la France?

> *Sera-t-il Dieu, table ou cuvette?*

Dans le domaine des intérêts matériels, il n'y a guère lieu à
écouter les fantaisies de l'imagination. Une chose n'existe que
parce qu'elle est utile : ses formes elles-mêmes obéissent à cette
grande loi de l'utilité. Cela revient à dire que la raison d'être,
les divers modes du port de Capbreton doivent répondre à son
utilité. Recherchons les besoins qui seraient satisfaits par cet
établissement. Nous trouverons dans cette recherche l'avantage
de fixer le but et de circonscrire les devoirs.

§ II. Nécessité d'un port de pêche à Capbreton.

Il faut reconnaître que l'établissement d'un port de pêche à
Capbreton serait un acte de justice et de saine administration.

Dans l'organisme actuel de la France, toute partie du pays
que frappe un malheur imprévu et non imputable à sa volonté,
appelle immédiatement l'attention et le secours du pouvoir; les
calamités involontaires étant considérées comme tombant sur le
corps entier du pays et partagées autant que possible entre tous
ses membres. C'est quelque chose de semblable à ce qui a lieu
dans le corps humain : il y a afflux de sang et d'humeurs pour
réparer les pertes et les désordres d'une blessure. Cette protection du pouvoir commun à tous les citoyens, s'étend avec une
plus particulière sollicitude sur ceux que leurs services publics

ont rendu les créanciers de la patrie. N'est-ce pas juste ? Et quelle classe d'hommes a les mêmes droits aux largesses de l'Etat que les marins français voués tous, dès leur bas âge, au monopole de la défense du pavillon national sur les mers du monde ? Si en quelques circonstances leurs services ont été oubliés, il y aurait injustice à ne pas proclamer que le gouvernement de l'Empereur n'a pas suivi ces errements. En relatant les immenses modifications introduites dans le personnel et le matériel maritimes, sous le règne de Napoléon III, l'histoire s'étonnera de tout ce qu'il y avait à faire et de tout ce qu'on a fait.

L'établissement des ports nouveaux, l'agrandissement et l'achèvement des anciens, seront des monuments durables de l'intérêt que porte à la population maritime notre puissant Empereur.

Puisse le port de Capbreton être appelé un jour à rendre son témoignage dans la solennelle instruction de l'histoire ! Jamais bienfait de Napoléon III n'aura été mieux appliqué.

Sous la Restauration, les Capbretonnais, voyant que le gouvernement avait trop d'affaires pour s'occuper de leur port, s'appliquèrent avec plus de soin à la culture de leurs antiques vignes. Ils firent plus : poussés par leur activité et la facilité d'une intelligente administration, ils entreprirent de nombreux défrichements dans l'intérieur des terres. Ils gagnèrent à ce revirement d'industrie. Au lieu du port qu'ils rêvaient depuis plusieurs siècles, ils eurent des vendanges et des moissons : homériquement parlant, le pain et le vin, la force de l'homme. Au lieu de se traîner misérablement le long de cet Océan fermé pour eux, ils lui tournèrent le dos, et une vaste plaine de sable fertilisée par le travail donna bientôt à cette énergique population l'aisance qu'elle ne pouvait obtenir de la mer. Sans s'en douter, ils passaient par les divers degrés du système de Volney : d'abord, exclusivement hommes de mer ; plus tard, peuple amphibie, mi-pêcheur, mi-agricole ; enfin, tout à fait enfant de la terre.

Sans doute ce n'est point là leur destinée, car voici qu'ils recommencent le cycle et reprennent le chemin de l'Océan. Les sables qu'ils cultivaient devaient leur fertilité aux eaux prove-

nant des marais d'Orx. — Une compagnie se forma pour le des-
sèchement des marais. Elle ne réussit qu'à une seule chose, à
dessécher les cinq ou six cents hectares cultivés par les Capbretonnais et à les rendre totalement infertiles. Le marais d'Orx
continua tout de même à être marais comme auparavant. — A
tout jamais l'opération entreprise eût abouti à ce résultat de pri-
ver l'agriculture de terrains excellents, si l'Empereur n'avait
pris l'affaire en main et confié la direction du travail au génie
entreprenant de M. Rérolle. Aujourd'hui, les Capbretonnais ont
cette consolation de savoir que s'ils ont perdu six cents hectares
de terres, du moins la production de la France en regagnera
douze cents.

La vigne leur restait encore et produisait en abondance des
raisins de table fort recherchés sur le marché de Bayonne, et le
vin de sables, si fameux dans nos contrées, le nectar des gourmets (et quels gourmets !) du Marensin et du Labourd. L'oïdium
est arrivé et a envahi tous nos ceps. Et comme malgré leur intelligence et leur activité, dans nos Capbretonnais, la routine du
paysan a réussi à s'enter sur le fatalisme du marin, la maladie a
pu s'exercer sur nos vignes sans qu'on ait seulement cherché à
combattre son action. A l'heure qu'il est, nous attendons encore,
à Capbreton, que l'oïdium s'en aille comme il est venu. Cependant, les trois quarts des vignes sont perdues, et le reste ne vaut
pas grand chose.

Les Capbretonnais sont donc revenus à l'Océan. Fils de
l'Océan, ils ont redemandé à leur mère le lait de ses mamelles.
L'Océan ne ressemble pas à la terre, que les anciens ont si
touchamment appelée bonne mère : *Alma parens*. L'agriculteur
de la mer ne connaît, il est vrai, ni les longues attentes, ni les
douloureux mécomptes du laboureur : il jette sa ligne, dit Frank-
lin, et il retire une pièce d'argent sous forme de poisson. Mais
souvent le capricieux élément s'indigne d'être ainsi exploité;
d'un pli de sa surface il renverse et absorbe l'esquif qui le sil-
lonne, et alors c'est le pêcheur qui est pris.

Pendant trois années que nous avons habité Capbreton, l'Océan
nous a fait participer à de bien terribles scènes. Nous ne parlons

pas des 122 naufragés du *Réveil-Matin*, ni des nombreux navires brisés ou submergés sous nos yeux, ni de ces corps inconnus qui viennent, nous ne savons de quelles régions, demander la sépulture à nos contrées. Il est seulement question de ces sinistres si souvent répétés, où nous avons vu périr, en présence de leurs mères, de leurs épouses et de leurs enfants, plusieurs de nos infortunés pêcheurs. En quinze mois, vingt-quatre enfants de Capbreton ont ainsi disparu ! Lourd tribut payé à l'Océan !

Eh bien ! nous le dirons : il est une chose qui nous émut plus que ces terribles événements, plus que les scènes de deuil et de désespoir, plus que le spectacle d'une population presque composée de veuves et d'orphelins : ce fut de voir, le lendemain même de ces lamentables événements, nos pêcheurs reprendre, sombres et résignés, le chemin de cette mer si cruelle, qui ne devait déposer peut-être dans leurs filets que les cadavres encore chauds de leurs infortunés compagnons ! Voilà ce que la faim inspire à l'homme, l'horrible faim : *Sacra fames !*

Etrange dérision ! Le 8 mars dernier, au moment sans doute où la population de Capbreton suivait avec une horrible angoisse les efforts désespérés de 150 de ses pêcheurs ballotés par un ouragan furieux, pendant qu'elle regardait comme une protection particulière du ciel que tous eussent sauvé leur existence à l'exception seulement de trois infortunés pères de famille, à ce même moment, disons-nous, un écrivain qui parle, d'ailleurs, excellemment de la barre de Bayonne, du fond de son cabinet, repoussait superbement les espérances qu'un homme de bien venait d'exprimer au sujet du port de Capbreton. Il disait : « que toute combinaison en dehors de Bayonne et de Biarritz « n'était pas possible ; en dehors, il peut y avoir des illusions « généreuses et des calculs intéressés ; mais les uns et les au- « tres ne pourraient conduire qu'à d'éclatantes déceptions. » (1)

Le moment était mal venu pour tenir ce langage. Des calculs intéressés ! Et qui n'aurait pas intérêt à ce que le port de Cap-

_____

(1) *Courrier* du 9 mars 1862, l'article est daté du 8.

breton fût construit ? Ne serait-ce pas la vie et l'aisance pour
une population bien digne d'intérêt ? Avec un port, nos pêcheurs
pourraient monter des embarcations solides, la mer leur serait
plus souvent ouverte, l'accès de terre ne serait pas un danger, et
ils ne seraient plus à la merci du premier souffle de vent venu.
Il semble qu'en ceci il doit être bien plus question d'humanité
que de calculs intéressés. — Quant aux illusions, il y aurait quelque générosité à laisser à ceux qui végètent et qui souffrent,
la fortune en espérance, le bonheur en perspective. Mais, au
surplus, ces illusions sont tellement répandues et partagées par
tant d'esprits sérieux et compétents, qu'il faudrait autre chose
qu'un trait anonyme pour leur porter une atteinte sérieuse.

Les luttes suprêmes dont nous venons de parler ne sont pas
de tous les jours heureusement. Mais il en est de quotidiennes
qui, pour être moins périlleuses, n'en sont pas moins pleines de
fatigues et de dégoûts. Cédons la parole au spirituel chroniqueur
du *Journal des Landes*, M. Hipp. Dives, homme qui a infiniment
mérité de Capbreton, *de patrià optime meritus*. Son touchant
récit fera connaître bien mieux que toutes nos descriptions les
sueurs et les épuisements de nos braves pêcheurs :

« Nous assistions il y a trois jours à un pénible et douloureux
spectacle qui nous a suggéré des idées qui sont loin d'être neu-
ves et qui ne sauraient, en raison de leur caractère d'humanité, d'utilité, de nécessité, de patriotisme, être trop souvent
exprimées et développées.

« Nous nous trouvions sur la plage de Capbreton, au moment
où huit barques de pêche arrivaient de lever leurs filets tendus
dans l'Océan depuis six jours, et venaient échouer sur le sable
à quelques mètres du hàvre dont l'entrée et la sortie leur sont
également interdites en temps de tourmente et de mer agitée.

« L'Océan n'était point encore complètement apaisé depuis les
colères que lui avaient fait prendre les rafales des jours précé-
dents. Ces vagues formidables qui sont poussées de trois mille
lieues par une invincible puissance, sans rencontrer un obstacle, déferlaient avec un bruit et une force également sinistres.
L'échouage était périlleux, et il fallait tout le courage, toute

l'habitude, toute la sagacité, tout le sang-froid des braves marins qui montaient les chaloupes, toute la science pratique du
pilote-juré qui leur marque le point où ils doivent accoster, pour
exécuter sans encombre une opération des plus délicates et des
plus difficiles. Il faut, en effet, en pareil cas, profiter d'une
courte embellie pour pouvoir jeter le grappin avant d'être pris
sur le sable par une lame qui peut faire *capeler* la chaloupe et
détruire à la fois l'embarcation et l'équipage.

« Aussi, fait-il beau et bon voir l'empressement, le zèle, le
dévouement que déploient tous ceux qui sont sur la plage, hommes, femmes et enfants, pour aider à conjurer le péril. Vous
voyez rayonner sur tous les visages, briller dans tous les yeux,
la vive et sincère satisfaction d'une nouvelle et précieuse victoire
remportée sur le redoutable et cruel adversaire auquel on est
obligé de disputer chaque jour son pain et sa vie, et qu'on aime
avec ardeur, avec passion, avec aveuglement.

« Les huit chaloupes exécutèrent donc leur manœuvre avec
succès. Mais quel triste aspect présentaient les filets qu'elles
rapportaient et que leurs équipages étaient allés chercher à 5 et
6 kilomètres du point où ils les avaient tendus ! Des quantités
considérables de poissons étaient accrochés à ces filets, en pleine
décomposition déjà, et tout cet amas, tout ce fatras, enchevêtré
par l'action du flot et du vent, imposaient à ces braves gens un
travail des plus pénibles, repoussant et dangereux en raison de
l'odeur infecte qui s'en exhalait. Il n'y avait malheureusement
pas à hésiter. Il s'agissait de sauver l'instrument du travail, le
moyen d'obtenir *ce pain quotidien* que chaque équipage demande
au moment du départ, au Tout-Puissant, en suivant avec le sentiment le plus pénétré la voix grave et solennelle du patron réci-
tant à haute voix le *Pater*, la sublime prière; on se mit à l'œu-
vre, s'estimant heureux d'en être quitte à ce prix, en entendant
les lamentations de trois ou quatre équipages qui avaient vaine-
ment cherché leurs bouées de reconnaissance et qui craignaient
d'avoir à jamais perdu leurs filets.

« Le travail repoussant n'était pas la seule plaie du moment :
il restait encore une opération à exécuter, opération barbare,

cruelle, inhumaine, et qui n'est plus en harmonie avec les progrès de notre civilisation. Il y avait à *porter* les huit chaloupes de leur point d'arrivée sur la plage, sur un autre point inaccessible à la *pleine mer* qui aurait pu les enlever et les ravir. Figurez-vous une vingtaine d'hommes attelés, accrochés à chaque embarcation, la hissant, la traînant, la portant sur un sable humide qui fait office d'enrayage pour les moteurs comme pour la machine, et déplorez, comme nous et avec nous, que de braves et honnêtes marins soient obligés, faute d'un port de pêche non achevé, de se livrer à une tâche aussi pénible, aussi rude, aussi ingrate, aussi difficile.

« Et voyez! que de périls encourus, que de labeurs subis, pour des résultats négatifs! Nous avons vu une cinquantaine de marins emporter leur *part* provenant de cette dure journée, consistant en quelques débris de poisson disputés à l'altération, destinés à l'alimentation de toute une famille.

« Le cœur saigne en présence de conditions aussi rudes, signalées à une époque où les ambitions immodérées, les fortunes rapides s'emparent de tant d'esprits et perdent tant de gens. » (1)

Avec l'auteur de ce récit nous concluons à la nécessité de diminuer la cruelle situation des pêcheurs maritimes de Capbreton, et comme lui nous ne voyons pas de meilleur, de plus sûr moyen que l'achèvement du port commencé, il y a quatre ans, par ordre de l'Empereur.

§ III. Avantages résultant de l'établissement d'un port de refuge à Capbreton.

Un port de pêche est nécessaire à Capbreton. Il serait fort avantageux à la navigation qu'on pût y établir un port de refuge.

Nous ne referons pas encore une fois la description des furieuses tempêtes de nos parages. On sait que nos attérages sont

(1) *Journal des Landes* du 6 avril 1862.

singulièrement redoutés des marins et rangés sur la même ligne que ceux du Cap-Horn et du Brésil, les plus dangereux du monde. Pour se faire une idée des périls qu'ils présentent, que l'on considère que le vent traversier de notre côte est l'Ouest et que dans cette direction il ne se trouve nulle terre à plus de 1,500 lieues marines, que pour peu que le vent soit frais, la houle poussée du large et engouffrée dans le golfe, comme dans un gigantesque entonnoir, devient si violente qu'aucun navire ne peut la gagner à la bouline. — Une mer inhabitable, disent nos marins.

Fatalement poussé à terre, le navigateur ne trouvera que de nouveaux sujets d'épouvante. Dans les jours de tempête les côtes d'Espagne, pas plus que celles de France, ne lui offriront de refuge. Bayonne lui opposera son infranchissable barre. Le port du Socoa sera inabordable ou inutile, puisque les navires doivent rester à découvert à l'entrée, jusqu'à ce que les embarcations du pays aient pu leur porter secours. On est habitué à considérer le port du Passages sous un point de vue très-avantageux. « S'il m'était permis de combattre l'opinion publique, « dirai-je avec un sagace observateur (1), je présenterais les ob- « servations que j'ai faites sur les lieux, et qui m'ont porté à « considérer le port du Passages comme d'une importance mé- « diocre, et par conséquent beaucoup au-dessous de celle qu'on « lui attache. » Sans parler de la reconnaissance difficile de son gisement, de l'entrée du canal qu'il faut en quelque sorte deviner, remarquons que pour aborder la baie du Passages le concours de trois conditions est nécessaire : 1° la marée montante. A l'exception d'un canal très-étroit qui traverse la baie, le port est entièrement à sec à marée basse. 2° Les vents de l'O.-N.-O. à l'E.-N.-E. en passant par le Nord. Si le vent ne souffle pas d'un de ces points il y a toujours un moment où on est vent debout dans l'un des nombreux détours que fait le canal ; et le peu de

(1) Le comte Louis de Marcillac. — *Aperçus sur la Biscaye, les Asturies et la Galice,* 1 vol. in-8°. — Paris, 1807, page 10.

largeur de ce canal ne permet pas de virer de bord. 3° Une mer tranquille. Il y a danger à entrer avec une forte mer, parce que dans ce cas il existe dans le canal un bouillonnement qui peut empêcher le navire de gouverner, et un navire ne gouvernant plus se perdrait infailliblement en peu d'instants. (1) La nécessité du concours, fort rare, de ces trois conditions ne diminue-t-elle pas sensiblement l'utilité de l'établissement du Passages ? — Quant au port de Saint-Sébastien, il n'offre dans les mauvais temps qu'une rade peu profonde et exposée aux plus violentes bourrasques.

Voilà donc les seules ressources qui se présentent au fond du golfe de Gascogne ! Quel espoir de salut peut rester aux navigateurs désespérés ! Il faut demeurer surpris, non pas de la fréquence des sinistres, mais de l'audacieuse ténacité de ceux qui ne craignent pas de s'exposer à ces infaillibles naufrages !

N'arrivera-t-il donc jamais le temps où ces malheureux trouveront un refuge sur les mêmes côtes qui sont aujourd'hui leur tombeau ?

Pour établir ce refuge si nécessaire, Capbreton, nous n'hésitons pas à le dire, est un des points les plus favorables. Que le lecteur veuille bien le remarquer. Nous ne préjugeons en rien la possibilité ou non possibilité de cet établissement. En ce moment, nous devons nous borner à dire que Capbreton, par sa position géographique, est le point où le port de refuge serait des plus avantageusement placés pour les besoins de la navigation.

Capbreton peut être considéré comme le sommet d'un angle ayant le côté Sud vers le cap Ortégal, à 120 lieues, et le côté Nord vers l'île de Sein, à 125 lieues. L'ouverture de cet angle est de 60 degrés dont le milieu correspond à l'O.-N.-O. (environ 4 degrés Ouest.)

En hiver, les vents qui règnent le plus fréquemment sur nos côtes sont les vents dépendants du N.-O. et du S.-O. Ces vents sont presque constants. Pendant la belle saison, on rencontre de longues séries de vents d'E. et de N.-E.

(1) *Derrotero español* de Tofiño de San Miguel, 1849.

De cette double notion du gisement de Capbreton et de la direction générale des vents, toute personne, tant soit peu au fait des manœuvres de la marine à voiles, conclura, sans qu'il soit nécessaire d'insister davantage, qu'un port situé à Capbreton serait toujours sous un vent favorable.

Cet avantage, Capbreton le possède en commun avec Bayonne et les autres points de notre littoral situés au sud, sous la même longitude. Ce qu'il a de plus, c'est l'espace, l'ampleur nécessaires pour établir la marche du navire à son entrée ou à sa sortie, sans qu'il ait à craindre de se heurter aux côtes d'Espagne ou d'être affalé sur les récifs du Pays Basque. Là, l'étendue s'ouvre dans tous les sens.

La position géographique de Capbreton offrirait donc de précieux avantages pour l'établissement d'un port de refuge.

Nous ne pouvons éloigner une pensée de notre esprit. Si un port de refuge pour des bâtiments de toute grandeur était établi à Capbreton, une ressource immense serait ajoutée à la puissance navale de la France. Ce port de refuge présenterait à nos escadres un point de ralliement à l'abri de toute poursuite et de toute surveillance. Quel ennemi serait assez insensé pour établir une croisière suivie dans nos redoutables parages ? La création d'un port de refuge, dans de telles conditions, ouvrirait un immense horizon au génie d'un chef entreprenant. Napoléon Ier n'eût pas manqué de faire entrer ce puissant moyen d'action dans les inimitables combinaisons de 1804 et 1805.

CHAPITRE TROISIÈME.

Possibilité de créer un port de refuge
à Capbreton.

—

Port de pêche et port de refuge , voilà ce que doit être Capbreton. Simplifions la donnée du problème , nous le pouvons faire légitimement : tout port de refuge est évidemment propre à un établissement de pêche. D'ailleurs , les travaux de construction pour un port de pêche devraient être, à Capbreton, basés sur les mêmes principes que ceux d'un port de refuge. Il n'y aurait lieu qu'à une réduction proportionnelle.

Nous nous contenterons donc d'examiner quels sont les éléments qui permettraient à Capbreton d'établir un port de refuge? quelle est la disposition la plus avantageuse pour tirer parti de ces éléments ?

§ I. — Des éléments d'un port de refuge à Capbreton.

Ayant sous les yeux la carte ajoutée à cet opuscule, il est facile de se convaincre que Capbreton ne présente du côté de terre aucun élément propre à l'établissement d'un port de refuge. On y voit bien un petit ruisseau formé par les eaux du marais d'Orx et de plusieurs étangs littoraux. Mais c'est un cours d'eau trop souvent à court d'eau, qu'on nous passe cet inévitable calembour. Il vaudrait mieux qu'il n'existât pas. C'est un embarras, un obstacle, et surtout une fâcheuse préoccupation qui fait employer à terre un temps et un argent qui seraient bien mieux à leur place du côté de la mer. Qu'espère-t-on retirer de ce mauvais petit courant qui, de lui-même, ne sera jamais capable de débiter 10 mètres d'eau à la seconde? — La côte est plate, sablonneuse, et ne présente pas le moindre banc de rocher qui puisse servir d'abri à une anse ou crique quelconque.

Ainsi, du côté de la terre, rien. Il en est autrement du côté de la mer.

Ce qui donne à Capbreton un incomparable avantage sur les autres points du golfe propres à l'établissement d'un port, c'est le phénomène vraiment extraordinaire, connu sous le nom de Gouf ou Fosse de Capbreton.

Qu'on se représente, à 400 mètres du rivage, entre deux hauts fonds de sable, une profonde vallée sous-marine formée par deux murailles de rochers à peu près perpendiculaires à la côte, distantes l'une de l'autre de 1,200 mètres dans leur plus grande proximité de terre, divergeant vers le large comme un éventail ouvert, de telle manière que le manche étant à Capbreton, l'un de ses côtés s'appuie sur le littoral de la Bretagne, l'autre sur le littoral du Portugal. L'espace entre ces deux lignes de rochers sous-marins présente un fonds vaseux et forme le lit du Gouf. — La profondeur du Gouf est très-grande. Tandis que les deux plateaux de sable qui confrontent le Gouf au nord et au sud sont couverts de tranches d'eau relativement peu épaisses, celles du Gouf atteignent rapidement des proportions considérables. A un mille de terre, le Gouf offre déjà un fonds de 280 pieds; à une lieue, un fonds de 1,200 pieds.

Nous nous en tiendrons à cette description abrégée d'un phénomène qui n'a pas son équivalent, nous le voyons, dans le monde entier : du moins, n'avons-nous pu l'apprécier dans les nombreuses cartes marines qui ont passé sous nos yeux.

On voit aisément combien cette condition nautique toute exceptionnelle est propre à fixer sur Capbreton l'attention des

marins et des ingénieurs. « Cette circonstance, dit à ce sujet
« M. le ministre des travaux publics dans un rapport à S. M. l'Em-
« pereur, avait depuis longtemps fait naître l'idée d'établir sur
« cette partie de la côte un abri pour les navires. Un projet avait
« déjà été étudié à ce sujet, lorsqu'en 1858, Votre Majesté,
« frappée, à la suite de l'examen des lieux, de l'utilité de cette
« entreprise, prescrivit l'exécution immédiate des premiers tra-
« vaux à titre d'essai. » (*Moniteur*, 17 février 1860.)

Mais il est temps de descendre dans le détail et de voir comment le Gouf ou Fosse de Capbreton peut servir de base à l'établissement d'un port de refuge.

Pour que notre étude ait toute la clarté et tout l'ordre désira-
bles, nous devons parcourir l'un après l'autre les divers éléments
qui composent les ports de refuge, et les examiner dans leurs
rapports possibles avec le Gouf.

Un port de refuge, c'est un abri qui doit être accessible en
tout état de temps et de mer aux navires du plus fort tonnage.
De cette notion, il résulte que trois conditions sont nécessaires
pour un port de refuge : 1° un accès facile ; 2° un chenal profond ; 3° un bassin à l'abri des ensablements.

Or, nous en sommes profondément convaincu, le phénomène
du Gouf modifie d'une manière tellement favorable le régime
ingrat de la plage landaise, qu'il serait facile d'établir à Capbreton un port de refuge doué de ces trois conditions.

§ II. — Accessibilité du port de Capbreton.

On l'a vu dans le chapitre précédent : dans notre golfe il n'est
pas un port qui soit facilement accessible aux navires chassés
par la tempête. Sur le littoral français, en particulier, par un
mauvais temps, l'abord d'Arcachon, de Bayonne, de Biarritz,
de Saint-Jean-de-Luz, seuls points auxquels on puisse penser,
avec Capbreton pour l'établissement d'un port de refuge, est
tout à fait impossible. En face de ces localités, la plage est plate,
le tirant d'eau peu considérable ; par conséquent, les brisants

s'étendent fort au large, et rendent toute navigation impossible. Tristes ports de refuge que ceux dont on ne peut profiter alors qu'ils seraient utiles.

Le seul point de notre littoral où la tempête n'empêche jamais l'accès de terre, c'est le Gouf de Capbreton. Sa profondeur est éminemment favorable à la tranquillité des eaux. Dans les plus mauvais temps, il y a dans le Gouf une calmie que l'on remarque facilement des hauteurs riveraines. Sur les hauts fonds qui bornent le Gouf à droite et à gauche, la mer, par les plus gros temps, brise à une distance de deux milles marins, ainsi que généralement sur toute la côte du golfe de Gascogne. Au milieu de cette immense nappe d'écume, éblouissante de blancheur, les eaux du Gouf apparaissent vertes et tranquilles; phénomène peut-être unique en son genre, et qui offre sur le même point le contraste heurté de l'agitation et du repos, le spectacle extraordinaire de la tempête en fureur qui se retire devant le calme immuable. Un jour de tempête, nous avons compté douze lignes de brisants au nord et au sud du Gouf. A la barre de Bayonne, ce jour-là, on nous a assuré avoir distingué quinze brisants.

Le Gouf poussait majestueusement ses eaux à terre et ne présentait que sa ligne ordinaire de lames un peu plus agitée, un peu plus précipitée que de coutume. La masse de ses eaux ne pouvait être émue par le déchaînement d'une violente bourrasque du nord-ouest.

A la faveur de ce calme exceptionnel, la navigation est possible à Capbreton, même pour les plus frêles embarcations de pêche, lorsque partout ailleurs la mer est inabordable aux grands navires. Les vaisseaux peuvent mouiller en sûreté au Gouf, et y résister aux plus violents efforts de la tempête. L'expérience de ces dernières années l'a plusieurs fois démontré. Aussi le gouvernement a-t-il reconnu l'excellence de cette rade foraine : il l'a fait signaler aux navigateurs par un système de balises et de signaux soigneusement assortis. — Enfin, le Gouf de Capbreton offre le seul bon point d'échouage de toute la côte des Landes. Partout ailleurs, il y a cent chances contre une que le navire se perdra corps et biens : au Gouf de Capbreton, il est inouï qu'un

échouement, opéré même dans les circonstances les plus fâcheuses, ait causé des pertes d'hommes : on a pu quelquefois
sauver le matériel tout entier.

Qu'il nous soit permis de le demander : où la nature a-t-elle
disposé une entrée de port aussi avantageuse ? Il n'arrive que
trop souvent que des bâtiments, croyant toucher au port, sont
tout à coup obligés de reprendre la mer, alors que la tempête
est déchaînée dans toute sa violence, plutôt que de rester au
mouillage où ils croyaient pouvoir attendre le moment favorable
pour l'entrée. Et tout le monde sait qu'une rade ou un avant-
port est l'intermédiaire le plus bienfaisant entre l'agitation du
large et le calme nécessaire au port. Si les ports de commerce
peuvent à la rigueur s'en passer, ce n'est point sans préjudice
pour eux : témoin le Hâvre qui enregistre chaque année des
sinistres nombreux dus à l'absence d'une rade.

Si un port était établi à Capbreton, l'avant-port ne manquerait
pas. En creusant le Gouf, la nature semble avoir préparé d'a-
vance une sorte de rade de Cherbourg dispensée de digue.

Puisque l'occasion s'en présente, nous exprimerons notre
regret de retrouver sous une plume ordinairement très-exacte
une erreur accréditée par M. Beautemps-Beaupré, et reproduite
par quelques auteurs qui n'ont parlé du Gouf de Capbreton que sur
ouï-dire : « Sans doute, dit l'auteur dont nous voulons parler (1),
« la mer est moins dure sur la Fosse qu'au large, et un bâti-
« ment y est mieux placé qu'en pleine côte pour se maintenir sur
« ses ancres contre les efforts d'une grosse mer ; mais pour s'y
« rendre, il faut naviguer entre deux lignes de brisants très-
« dangereux, de sept milles de longueur et que rien ne signale
« convenablement. » C'est l'opinion traduite en termes un peu
exagérés du savant hydrographe Beautemps-Beaupré dont voici
les paroles : « Il faudrait, dans un gros temps, être à l'ouvert de
« la Fosse de Capbreton et à environ six milles de distance des
« deux balises qui en indiquent la direction générale, pour

(1) Mémoire relatif à la création d'un port de refuge sur la côte du
golfe de Gascogne. — *Courrier de Bayonne* du 28 août 1861.

« pouvoir espérer de gagner le fond de cette Fosse; en se
« tenant entre les brisants du plateau de sable qui la limite du
« côté du nord, et ceux du plateau de sable qui la limite du
« côté du sud. » (1).

Est-il bien vrai qu'on ne puisse espérer de gagner le fond de
la Fosse qu'en la prenant par son ouvert à six milles au large?
Mais qu'est-ce qui empêcherait de prendre sa direction en l'ac-
costant de flanc, plus près de terre? — Les brisants très-dange-
reux du nord et du sud, qui s'étendent à six ou sept milles et
que rien ne signale convenablement, dit notre auteur. D'abord,
les brisants se signalent assez par eux-mêmes, et lorsqu'un
navire veut se maintenir dans le lit du Gouf, il distingue
parfaitement l'espace où la mer brise de celui où elle est
calme : d'autre part, la place ne manque pas pour faire les
manœuvres convenables, le Gouf, dans sa partie la plus
resserrée, ayant environ un mille de largeur. — Quoiqu'il en
soit, ces terribles brisants, qui rendent, dit-on, la Fosse im-
praticable, sont loin de s'étendre à six ou sept milles. Nous
prendrons pour juge M. Vionnois, ingénieur en chef des ponts
et chaussées. Dans une intéressante étude sur le mouvement
des sables (2), le savant écrivain établit que la mer brise au
large de nos côtes lors d'une mer dure, par quarante pieds d'eau
de basse mer, et lors des mers extraordinaires, par cent pieds
d'eau de basse mer. Nous croyons savoir que cette dernière
profondeur n'est jamais dépassée sur la plage de Capbreton.
Pour avoir la limite des brisants, il suffit donc de connaître la
distance où commencent, sur les bords du Gouf, les sondes de
cent pieds ; cette profondeur se trouve à deux milles environ de
la laisse des basses mers. Les brisants ne forcent donc pas les
navires à aborder la Fosse de Capbreton à une distance de six
milles au large, mais tout au plus, dans des cas extraordinaires,
à deux milles ; dans les cas de mers dures, il suffit de se tenir à
un demi-mille pour être hors de la portée des brisants.

---

(1) Carte de la Fosse de Capbreton, aux observations.
(2) *Courrier de Bayonne* du 17 juillet 1861.

Remarquons, au surplus, que c'est précisément à la distance de deux milles que se trouvent les sondes de cent pieds, en face d'Ondres, de l'Adour, d'Anglet, de Biarritz, de St-Jean-de-Luz, etc. C'est la limite normale. D'où il suit (l'expérience de nos marins et une connaissance même superficielle des lieux confirme ces observations) que les plateaux qui bornent la Fosse au nord et au sud sont navigables au même point que lès autres plateaux du golfe, et que si, sur les bords du Gouf, la mer est à certains jours dangereuse à un ou deux milles, ces mêmes jours, elle est, dans les mêmes limites, dangereuse sur presque tous les points du golfe de Gascogne. (1)

L'auteur déjà cité dit encore : « Selon Beautemps-Beaupré, la « Fosse de Capbreton est une faible chance de salut que peut « tenter d'utiliser le marin affalé au fond du golfe et connais- « sant les lieux, mais qu'il serait dangereux de signaler à la « pratique des navigateurs. »

Nous regretterions qu'une telle opinion eût appartenu à une autorité aussi imposante que celle de M. Beautemps-Beaupré ; mais nous ne nous sentirions pas ébranlé, parce qu'heureusement elle n'a pas été adoptée dans la pratique. Depuis 1826, les hommes les plus compétents, et à plusieurs reprises, le ministère de la marine (2), dans des publications officielles, ont signalé aux navigateurs la Fosse de Capbreton comme le seul point du golfe de Gascogne qui offre des chances de salut dans les dangers du naufrage.

Nous devons ajouter, à la décharge de M. Beautemps-Beaupré, que nous n'avons trouvé dans ceux de ses écrits que nous possédons aucune trace de l'opinion qu'on lui attribue.

Cette courte discussion ne nous a pas semblé hors de propos. A notre avis, elle éclaircit et confirme ce que nous avions dessein de prouver dans ce paragraphe, à savoir : qu'un port de refuge

(1) Voir la ligne des sondes de 40 pieds et des sondes de 100 pieds sur la carte jointe à ce travail.

(2) Voyez en particulier le *Moniteur* du 18 avril 1861.

établi à Capbreton serait toujours accessible et serait précédé
d'une sorte d'avant-port, de rade foraine, propre à faciliter singulièrement toute navigation.

§ III. Les barres et les flots de fond.

Nous avons dit que le second élément d'un port de refuge était
la profondeur du chenal. On ne peut admettre, en effet, qu'un
navire chassé par la tempête et parvenu jusqu'à l'entrée d'un
port de refuge, trouve sa perte là où il cherchait le salut; c'est
pourtant ce qui lui arriverait infailliblement si le chenal donnant
accès dans un bassin intérieur était obstrué par un seuil ou
barre. S'il est un lieu où le génie humain doit déployer ses efforts
pour combattre ce phénomène redoutable, c'est surtout à l'entrée des ports de refuge, véritables Hôtels-Dieu dont la porte
doit toujours être ouverte pour recueillir les faibles et les inva-
lides de l'Océan.

Mais comment avoir le courage de parler d'un chenal sans
barre, lorsqu'on a sous les yeux la barre de Bayonne, fameuse
par ses dangers et ses résistances? Les causes qui maintiennent
à l'entrée de la plus puissante rivière de nos contrées ce seuil
terrible, à plus forte raison, n'amoncelleront-elles pas d'insur-
montables obstacles là où se présentera un chenal dépourvu de
la charge d'eau dont dispose l'Adour?

Eh bien! je ne crains pas de le dire : tout à côté de l'embouchure de l'Adour il est un point de la côte landaise où un chenal
convenablement disposé sera exempt de tout bourrelet. Ce point
est Capbreton.

Qui n'a vu, pendant une soirée d'été, la brise courant sur une
plaine couverte de blés? Les épis se baissent et se relèvent, les
ondulations se succèdent régulièrement, et l'imagination se
représente sans peine le sublime spectacle de la mer et de ses
flots. Les épis de blé semblent posséder le mouvement, mais les
ondes seules fuient, les épis et leurs tiges sont toujours fixés à
terre.

L'oscillation des blés représente, à tous les points de vue, le phénomène de l'ondulation de la mer. De même que la tige fléchit sans avancer et se relève pour occuper sa position première, ainsi la surface de la mer, obéissant à la compression du vent, se déprime pour se relever ensuite dans un mouvement à peu près vertical. Il est sans doute beaucoup de nos lecteurs dont l'impatience a été excitée par la lente arrivée d'un corps flottant sur la mer. Si les ondes superficielles de la mer avaient un mouvement de translation conforme à l'apparence, les épaves qui piquaient leur curiosité auraient été entraînées promptement vers le rivage, tandis que l'expérience démontre que les corps flottants restent presque à la même place, tantôt au creux de la vague, tantôt à son sommet; si à la longue ils se meuvent, cela tient à d'autres circonstances, telles que la force des vents ou la direction des courants. Cet allongement des flots au-dessus de la surface de la mer a reçu le nom de *lame.*.

Il serait difficile d'expliquer par la seule action des ondes de surface, c'est-à-dire des lames, les phénomènes de la mer; malheureusement, la mer a un autre plus formidable agent de sa puissance : les flots de fond. Ce sont eux qui comblent les ports et rongent les rivages, ensevelissent les cités dans des montagnes de sable ou dans des mers de vase, et balayent les digues les plus colossales.

Si l'on jette à la mer deux sphères de liége, dont l'une seulement est chargée d'un poids suffisant pour la faire couler à fond, on voit la sphère qui surnage obéir au seul mouvement d'ondulation, sans s'éloigner ni s'approcher sensiblement de la terre s'il n'y a point de vent, pendant que la sphère coulée à fond est roulée sur le lit de la mer et poussée au rivage. La sphère la plus légère ne subit que l'action verticale des lames; la seconde est soumise au mouvement de translation des flots de fond.

En prenant un bain de mer, si l'on se tient debout à peu de distance du rivage, on perçoit très-bien l'action des flots de fond; les lames de la surface soulèvent, tandis que l'on sent aux jambes la translation des flots de fond qui se rendent au rivage.

La mer, dit-on, rejette tout ce qu'elle a englouti; c'est qu'effectivement les flots de fond, en roulant sur le fond de la mer

et en se succédant continuellement, draguent et entraînent tous
les objets mobiles qu'ils rencontrent, et les poussent au rivage.

Il n'est pas de notre sujet d'examiner les diverses théories de
la formation des flots de fond. Nous n'avons pas à nous occuper davantage de leurs nombreux effets comme agents de des-
truction, ni des diverses modifications qu'ils peuvent apporter
dans le régime des mers. Il doit nous suffire de montrer leur
action à l'embouchure des rivières ou à l'entrée des ports.

Les flots de fond, nous l'avons dit, draguent le fond des mers
et entraînent avec eux les objets mobiles qu'ils rencontrent.
C'est dire que si le fond est composé de sables et de galets, les
flots de fond les saisissent, s'en servent pour combler les trous
et régulariser la plage.

On peut dire, en règle générale, que c'est le flot de fond qui
forme la berge.

Qu'arrive-t-il lorsque le flot de fond, transportant du sable,
rencontre, non plus une plage, mais un cours d'eau ? Le flot de
fond trouvant un vide et un obstacle, dépose le sable dont il est
chargé à l'endroit où sa force est contrebalancée, équilibrée par
le courant fluvial, et ces dépôts de sables et de graviers trans-
portés par les flots de fond et sans cesse entretenus, finissent par
former les bancs qui obstruent l'embouchure des rivières.

Que les barres soient formées par les flots de fond, c'est ce
qui, pour nous, ne fait pas l'ombre d'un doute. Des auteurs, déjà
anciens, indiquent d'autres causes : le colonel Emy a fait ressortir brièvement, mais péremptoirement, leur erreur. D'ailleurs,
il suffit de reconnaître deux faits : que les barres n'existent qu'à
l'embouchure des fleuves, où les flots de fond sont arrêtés, que
le bourrelet s'accroît dans les gros temps lorsque les flots de
fond ont de la puissance et peuvent entraîner une plus grande
masse de matériaux. En veut-on une preuve prise dans nos
contrées : qu'on examine les dépôts accumulés à la barre de
Bayonne, on y reconnaîtra un produit du large et des flots de
fond (1).

(1) Au nord des Landes, sur la plage et au large, on n'observe, et

Voilà un premier point acquis. — Les barres sont le produit des flots de fond : d'où une conséquence naturelle que, là où il n'y aura pas de flots de fond, il n'y aura pas de barres.

Venons maintenant au Gouf de Capbreton. S'il est une chose certaine, c'est que jamais flot de fond ne s'est formé dans cette profondeur sous-marine. Indigènes et étrangers, tous reconnaissent que le fond du Gouf est immuable. Qu'un filet de pêche soit déposé ou entraîné dans la Fosse, il y restera des jours, des semaines, des mois, sans être déplacé. Le fait est constant et irrécusable. Si les flots de fond parcouraient la Fosse, le filet serait entraîné, roulé, ensablé, comme cela se passe ailleurs. Autre preuve : si des flots de fond se formaient dans le Gouf, ils transporteraient les matériaux qui en tapissent le lit; c'est-à-dire, les vases. Or, on ne trouve nulle part des bancs de vase sur la côte landaise.

Ainsi, point de flots de fond dans le Gouf; donc, il est impossible qu'il y ait une barre proprement dite à l'entrée d'un chenal *qui serait convenablement placé à l'extrémité du Gouf.*

Nous avons souligné avec intention ce dernier membre de phrase. Car il faut reconnaître qu'une espèce de barre existe en ce moment en face du Gouf, devant le chenal du courant de Capbreton. Mais que l'on considère que l'embouchure de ce courant est à 400 mètres de l'extrémité du Gouf; que les flots de fond

---

la sonde ne signale qu'un sable très-fin; mais en se rapprochant de l'Adour, le gravier paraît et est mêlé au sable en proportion considérable. Ce gravier ne peut provenir de l'Adour, qui ne charrie que des troubles légers, ni de la côte du nord; il vient donc du large, mais de quelle partie ? On peut l'attribuer à des courants longeant les côtes rocheuses d'Espagne. (Vionnois. — *Observations sur le mouvement des sables. — Courrier de Bayonne* du 17 juillet 1861.)

La barre s'alimente de sables venant de la côte d'Espagne. On a cru longtemps que ces sables provenaient du nord de l'embouchure; j'ai démontré le contraire, et personne ne révoque plus en doute leur arrivée de la côte d'Espagne. (Bourgeois, chef du pilotage de la barre. — *Sentinelle des Pyrénées*, 29 novembre 1836.)

peuvent et doivent se former dans cet intervalle, et entraîner les quelques sables qui se trouvent sur leur passage. Il serait étonnant qu'il n'y eût pas de barre dans un état de choses ainsi constitué. Si l'on veut profiter des avantages que présente le Gouf, il semble qu'il ne faut pas se tenir hors de sa portée, à 400 mètres de distance. Bien plutôt, faut-il aller chercher son extrémité et y établir l'ouverture du chenal ; de plus, il serait nécessaire de défiler les musoirs de telle façon que les ondulations de la pleine mer ne pussent que faiblement pénétrer par le goulet, afin d'éviter autant que possible la formation des flots de fond dans l'intérieur du port lui-même. Un chenal ainsi disposé serait à l'abri des barres, le Gouf ne lui envoyant pas des flots de fond.

§ IV. — L'ensablement latéral et les courants littoraux.

Reste, en ce qui concerne le port de refuge de Capbreton et la conservation des bassins qu'on y créera, une dernière question, qui est la plus grave de toutes ; c'est celle de l'ensablement latéral. Il menace, à ce qu'on s'imagine, la durée de tous les travaux qu'on pourrait faire à la mer dans ces parages.

L'ensablement latéral est le résultat d'une force distincte des flots de fond. La cause qui produit cet effet est le courant littoral, ou traversier.

Voici des flots de fond qui arrivent à la côte chargés de sable. « Souvent, dit M. Jomard, je restais des heures entières à con-« sidérer dans son origine et dans sa marche le phénomène de « la formation des sables ; je voyais les vagues se briser et « apporter une petite ligne, à peine sensible, d'un sable très-fin. « Une autre vague revenait chargée comme la première, et cette « nouvelle ligne de sable repoussait un peu la première. Celle-ci, « une fois hors de l'atteinte de l'eau, frappée par un soleil ardent, « était bientôt séchée et donnait prise au vent, qui aussitôt s'en « emparait et la charriait dans l'air. Les parties de gravier, « moins légères, n'arrivaient pas aussi loin ; mais, soumises au « mouvement alternatif, s'usaient de plus en plus et se trans-

« formaient peu à peu en sable. » (1) Telle est la description exacte de l'atterrissement produit par les seuls flots de fond.

Mais les choses ne se passent guères avec cette régularité. Nous voyons les atterrissements affecter des formes diverses, variées, capricieuses, qu'il serait impossible d'expliquer par la seule action des flots de fond. On doit en chercher la raison dans les courants littoraux. Le sable du rivage apporté du large par les flots de fond est sans cesse mis en mouvement. Chaque flot en se brisant produit une chute d'eau qui agite et soulève le sable du fond. Le sable soulevé retombe pour être soulevé de nouveau l'instant d'après. Pendant la durée de ces courtes suspensions, le sable est soumis au mouvement de translation des courants littoraux : il subit ainsi une série de petits déplacements qui équivalent, en somme, à un transport direct dans le sens du courant. Quoique des expériences récentes, faites à Boulogne, démontrent que le sable peut rester en suspension dans l'eau, il est certain cependant qu'il ne tarde pas à se précipiter à cause de sa pesanteur spécifique. Il chemine donc de proche en proche, sur le fond même, pour s'arrêter dès que le flot cesse de le soulever.

Ainsi, c'est le flot de fond, en portant le sable au rivage, qui est le premier et énergique agent de l'atterrissement. Puis, en remuant, en mobilisant le sable du rivage, le flot de fond n'est plus qu'un agent indirect, mais nécessaire, du transport des matériaux. Il ne fait que les livrer à l'action des courants, trop faibles par eux-mêmes pour les rouler sur le fond.

Ces courants littoraux existent dans preque tous les parages et sont le produit d'une foule de causes, telles que la force et la durée du vent, sa direction et celle des côtes, etc., etc. Entre les plus remarquables, nous citerons le courant littoral qui amoncelle les sables et galets dans la baie de la Seine; celui qui forme les lagunes des côtes italiennes de l'Adriatique; celui qui

(1) Description de l'Egypte. *Antiquités d'Antæopolis*, t. 2, page 22, note 4.

rend si difficile, à Peluse, la création du port de Saïd ; enfin, le courant littoral qui règne sur les côtes du golfe de Gascogne.

Le courant littoral du golfe de Gascogne est très-marqué, et porte vers le sud. Il est produit par les vents dominants du nord-ouest. Il règne à une assez grande distance au large, et son énergie, après les bourrasques de la région du nord-ouest, est considérable. On peut dire qu'il est constant, et que les séries des vents opposés du sud parviennent à l'arrêter, mais non à le renverser (1).

Dans sa marche, le courant littoral rencontre les sables soulevés par les flots de fond. On sait que les ondulations, tant inférieures que supérieures de la mer, ne sont point contrariées par les courants ; qu'elles continuent leurs mouvements sans tenir compte des directions des nappes d'eau ; ainsi, à l'embouchure des rivières, pendant le jusant, on voit les ondes de la mer se propager dans l'intérieur du cours d'eau malgré le courant. Les flots de fond agissent donc dans le sein du courant littoral lui-même, et livrent à son action les objets mobiles qu'ils soulèvent. Les sables sont dirigés d'un mouvement continu et irrésistible vers le sud.

Il est possible de se rendre compte approximativement des quantités de sable dont le courant littoral dispose. Brémontier, le célèbre ingénieur en chef de la Guyenne, estimait que sur 120 mille toises d'étendue de rivage, de l'embouchure de la

---

(1) «La preuve de cette direction du nord au sud, c'est que de 1820 « à 1825 que j'ai résidé sur le littoral des Landes, j'ai assisté à sept « naufrages de navires qui, tous, gisaient sur la plage la proue au « nord et la poupe au sud ; que lorsque j'ai fait rechercher les épaves « en provenant, on les a toujours trouvées au sud des naufrages, et « que, sur environ 150 épaves isolées qui ont été sauvetées, toutes « celles qui ont été vues flottantes, suivaient la même direction. La « tradition, chez les agents des douanes, est que de tout temps la « même observation a été faite. M. Depoge, capitaine de vaisseau, a « fait les mêmes observations lorsqu'il a exploré ces côtes par ordre « du Gouvernement. » (*Note d'un ancien employé des douanes.*)

Gironde à celle de l'Adour, 640 mille toises cubes de sables étaient rejetés annuellement sur la côte. Il ajoutait, qu'on pouvait penser sans exagération que le dixième de cette masse de sable était entraîné au sud par le courant littoral. M. Vionnois a calculé que la quantité des sables du Nord, passant au large de l'embouchure de l'Adour, ne peut être évaluée à moins de 800 mètres cubes par marée.

Cette migration des sables vers le Sud doit être considérée comme un véritable fléau. A la vérité, le courant du golfe de Gascogne n'agit pas avec la formidable violence des flots de fond. Mais son action, pour être moins énergique, n'en est pas moins funeste. Le courant littoral entoure les travaux de l'homme, les presse, les étreint et finit par les ensevelir sous un linceul de sable. A l'embouchure des rivières, il s'appuie contre les jetées qui dirigent la force des eaux fluviales sur les barres; il les pourtourne; il joint ses sables à ceux qui y sont amoncelés déjà par les flots de fond, en sorte que tout passage est fermé du côté du Nord et de l'Ouest; le fleuve est réduit à prendre un cours presque parallèle à la côte, ou à s'ouvrir de force un étroit chenal dans le bourrelet de la barre.

Nous voyons les choses se passer ainsi à l'embouchure de tous nos cours d'eau, sans exception. Et il est aisé de voir que l'action du courant littoral, combinée avec celle des flots de fond, pose de la manière la plus désavantageuse le problème de l'établissement d'un port de refuge.

Le Gouf de Capbreton modifie-t-il en quelque manière le régime du courant littoral?

Evidemment, le phénomène du Gouf ne peut pas empêcher qu'au Nord, sur la plage landaise, le sable ne soit mis en mouvement par les flots de fond et entraîné au Sud par le courant littoral. Aussi remarque-t-on, devant le Gouf de Capbreton, sur le plateau de sable de 400 mètres qui le sépare de la terre, le même mouvement de sables qui se produit sur tout le reste de nos côtes.

Toutefois, la présence du Gouf, on ne saurait le nier, introduit une heureuse modification. C'est de livrer le courant littoral

à lui seul sans ajouter à son action funeste la funeste action des
flots de fond et des barres. Il y a simplification. On se trouve en
face d'un ennemi redoutable, sans doute, mais dont la marche,
les tendances et les effets sont connus; dont la manière d'agir
est uniforme. La difficulté est immense, mais au moins elle n'est
pas compliquée d'autres difficultés. Grand point acquis à la
solution !

Comment, en face du Gouf de Capbreton, combattre avec
succès les effets du courant littoral ?

Il y a divergence sur ce point.

Les uns disent que le mouvement des sables se faisant entre
la terre et le Gouf de Capbreton, il importe de ne pas altérer
sur ce point le régime de la côte. Si l'on avait l'imprudence d'é-
tablir des travaux d'art qui s'opposeraient au libre passage du
sable, le sable ne trouvant pas un débouché suffisant vers le Sud
serait forcé de se précipiter dans la fosse, qui s'ensablerait iné-
vitablement. Tout système de travaux à exécuter à Capbreton
repose donc, d'après ceux-ci, sur ce principe : que la marche du
sable ne doit pas être entravée, mais au contraire facilitée.

Les partisans de ce principe sont donc amenés à proposer
l'usage des écluses de chasse. Par ce moyen, sans travaux d'art
susceptibles de créer des obstacles au cours ordinaire des sables,
l'eau de la mer retenue à marée haute et rendue à marée basse
à la force de la gravité, qui s'empresse, pour ainsi dire, de l'ani-
mer, forme un torrent impétueux dont l'effort peut parvenir à
emporter des bancs considérables. Les écluses de chasse, appli-
quées à Capbreton, ne seraient autre chose que des agents
chargés d'assurer la circulation ; elles empêcheraient l'attroupe-
ment des matériaux roulés par le courant littoral; elles les
disperseraient sans retard, si, par une cause quelconque, ils
parvenaient à se grouper ; en un mot, elles accompliraient, à
l'égard des bancs de sable latéraux, le même rôle que les flots
pour le fond de la mer, celui de soulever les sables et de les
livrer à l'action du courant littoral.

Sur cette base ont été établis les derniers projets pour la
construction du port de Capbreton, dressés par de savants et

habiles ingénieurs. Leur autorité, leur compétence sont grandes, et nous ne nous dissimulons pas combien nous sommes téméraire de ne pas adopter une opinion si puissamment recommandée. Nous prendrons cependant la liberté d'exposer timidement quelques-uns des motifs qui ne nous permettent pas de marcher, cette fois seulement, à la suite de plusieurs notabilités de cet illustre corps des ponts et chaussées, dont le génie est si rarement mis en défaut.

Nous ne sommes pas disposé à contester l'efficacité des écluses de chasse, dans de certains cas. A Dunkerque, elles produisaient leur effet jusqu'à 1,800 toises ; elles creusèrent le port et le chenal de 15 pieds de profondeur en dix ans. (1) En six mois de temps, les écluses du Tréport creusèrent le chenal de plus de 8 pieds de profondeur et enlevèrent une masse de galet de plus de 15 pieds de hauteur. On peut encore citer les écluses de chasse de Fécamp et de St-Valery-en-Caux pour prouver les incontestables avantages des écluses de chasse.

Il faut cependant reconnaître que les écluses de chasse ont leurs inconvénients, et même si considérables, que l'opinion semble les abandonner. Nous ne parlons pas de leur établissement, ordinairement très-coûteux, ni de leur entretien, qui exige des soins presque continuels : il s'agit d'un défaut vraiment radical.

« Voici une théorie toute nouvelle, fondée sur l'expérience
« des ingénieurs les plus distingués de France et sur l'opinion,
« prépondérante à nos yeux, de M. Renaud, ingénieur en chef
« des ports maritimes de France. — M. Renaud a reconnu que
« lorsque les chasses débouchent dans la mer, elles perdent à
« peu près leur efficacité, et que, dans bien des cas, elles sont
« plus qu'inefficaces, elles deviennent nuisibles Elles déposent,
« en avant du chenal, les matières qu'elles ont emportées, et
« lorsque ces matières ne sont pas enlevées par les courants
« traversiers ou littoraux, elles forment plus ou moins rapide-

(1) Bélidor, archit. hydraul., 2ᵉ partie, tom. 1ᵉʳ, § 866.

« ment des dépôts ou barres dont le sommet est plus élevé que
« le fond du chenal (2). »

Les observations qui précèdent ont été recueillies dans le Nord
de la France, sur des points où les écluses de chasse peuvent
disposer de chutes d'eau de 11 à 12 mètres. A combien plus
forte raison doit-on s'attendre aux mêmes inconvénients dans
nos parages, où la hauteur moyenne des marées atteint à peine
$2^m 50^c$! Dans ces conditions, surtout si le jeu de l'écluse se fait
dans un lit de rivière et dans l'eau ambiante, au lieu de s'exercer
sur un chenal desséché, n'est-il pas à craindre que les chasses
soient essentiellement insuffisantes, sinon dangereuses !

Les écluses de chasse, nous le croyons, donneraient un port de
marée plus ou moins profond, mais non pas un port de refuge.
Par ce moyen, nous ne pensons pas qu'on puisse jamais obtenir
à Capbreton un port accessible en tout état de mer et de temps,
et un chenal d'une invariabilité constante.

Il faudrait donc désespérer à jamais de la création d'un port
de refuge sur notre littoral, si l'on n'avait pas d'autre ressource
que celle des écluses de chasse. Heureusement que le principe
dont nous venons d'exposer la base et les applications peut et
doit être hardiment rejeté pour céder la place à un principe
contraire, tout à fait conforme aux données de la théorie et de
la pratique.

Un grand nombre d'ingénieurs et les plus judicieux hommes
de mer de nos contrées pensent qu'il est chimérique de craindre
que le Gouf puisse se jamais combler. Son envahissement par les
sables n'est pas à redouter. Dès lors, ils demeurent convaincus que
pour sauver Capbreton et Bayonne de l'envahissement des sables
entraînés du Nord par le courant littoral, il suffit, par le moyen
d'une jetée pleine, de leur barrer le passage au Gouf de Capbreton. Là, il n'y a pas d'autre issue qu'un étroit espace de
400 mètres; qu'on ferme la porte, rien ne passera. La digue
artificielle opposera aux sables une muraille solide de 400 mètres;

---

(2) Avant-projet du canal de Suez. Documents relatifs à cette entreprise, I, page 190.

puis, le Gouf, une muraille liquide, également infranchissable, projetée à l'infini.

En définitive, c'est là qu'est le nœud de la solution, ou plutôt, là est toute la solution.

Pour notre part, nous n'hésitons pas à embrasser ce dernier sentiment, et nous croyons qu'une jetée conduite jusqu'au Gouf réussira à empêcher la migration du sable au Sud sans combler le Gouf lui-même; s'il en était autrement, il n'y aurait rien de vrai dans la science de l'hydraulique maritime et dans les déductions les plus logiques des faits les plus évidents.

Le fait qui régit l'hydraulique maritime, et en particulier la construction des jetées, c'est que la profondeur d'eau est un obstacle insurmontable à la marche des sables. Il nous serait facile de multiplier les citations; pour abréger, nous nous contenterons de reproduire le passage suivant du rapport de la commission internationale pour le percement de l'isthme de Suez, où se trouvent résolues, avec une profondeur et une lucidité dignes de ces importantes assises de la science moderne, toutes les difficultés proposées : « Le sable ne peut gagner le « large ni sortir d'une baie dont les caps avancés offrent à leur « pied de grandes profondeurs d'eau. Il est maintenu près du « rivage dans la région des petits fonds, où l'agitation des eaux « le débarrasse incessamment des dépôts terreux (1). »

Par exemple, examinez les atterrissements de la plage Eugénie à Biarritz; ils sont insignifiants, sinon nuls; car la pointe St-Martin, sur laquelle est construit le phare, maintient le sable venant des Landes. Cette jetée naturelle n'est pourtant pas considérable; sa saillie est de 300 mètres environ. Mais ce cap présente à son pied une assez grande profondeur d'eau qui empêche le sable de pourtourner et l'interne sur la plage d'Anglet.

D'où il s'ensuit : qu'une jetée prolongée jusque dans des profondeurs convenables ne peut être pourtournée par le sable; que le sable ne pourtourne que les jetées qui sont trop courtes pour atteindre le fond suffisant.

_____

(1) Percement de l'isthme de Suez; tom. III, pag. 114.

« Si une digue jetée dans la mer perpendiculairement à la
« côte n'a pas une longueur suffisante, elle ne sert qu'imparfai-
« tement à arrêter les sables du littoral, lesquels, après l'avoir
« chargée en amont, en tournent la pointe, et reproduisent un
« banc qui, partant de cette pointe, se replie dans la direction
« du courant littoral. Mais que si la jetée est poussée jusqu'à
« trouver de grandes profondeurs, le courant de sable, inter-
« rompu par elle, se dirige au large et les fait décharger à de
« telles profondeurs qu'ils ne peuvent plus être soulevés de nou-
« veau par les lames de fond ; de sorte que la dernière partie de
« la jetée se maintient débarrassée des sables, et principale-
« ment son musoir, qui est battu par les flots dans toutes les
« directions du vent (1). »

Celui qui a écrit les lignes qui précèdent, Paléocapa, ancien
ministre des travaux publics du Piémont, parlait selon sa propre
expérience. C'est lui qui a construit les jetées de Malamocco,
placées en avant des lagunes de Venise. Nous avons dit que le
courant littoral est très-énergique dans cette partie de l'Adriatique. Pour en vaincre les effets, Paléocapa a établi en pleine
mer une jetée en pierres perdues de 2,500 mètres de longueur.
A l'origine de la jetée, du côté des alluvions, il s'est formé un
banc de sable qui se maintient près du rivage, tandis que les
courants et les ondes du large ont creusé le chenal à son extrémité et en maintiennent la profondeur.

Le projet du port de Saïd, qui doit être la tête du canal de
Suez dans la Méditerranée, est basé sur les mêmes principes.
L'avant-projet présenté par les ingénieurs du vice-roi établissait
le port à Peluse : en cet endroit, la profondeur d'eau de 10 mètres, jugée nécessaire pour annuler les effets du courant littoral,
est à 6,000 mètres du rivage. Les habiles ingénieurs ne recu-
lèrent pas devant la nécessité de proposer des jetées de six
kilomètres. La commission internationale a heureusement modifié cette gigantesque idée ; en choisissant la position favorable

(1) Paléocapa. Considérations sur les plages et les ports de l'Adriatique.

de Saïd, elle a réduit à 3,500 mètres la longueur de la plus grande jetée.

Combien nous sommes éloignés, à Capbreton, de ces énormes difficultés! Pour trouver un fond suffisant il n'est pas nécessaire de compter par milliers de mètres; à 300 mètres du rivage on a déjà 10 mètres; à 350, 15 mètres; à 400, 35 mètres de profondeur.

D'après les notions qui précèdent, représentons-nous par la pensée ce qui aurait lieu si une jetée pleine reliait la terre au Gouf. Les sables venant du Nord s'amoncelleraient à l'origine de la jetée; ils marcheraient rapidement vers le large en s'appuyant contre elle tant qu'ils seraient dans la région des petits fonds. Ce serait là leur première évolution. A peine arrivés vers les premiers ressauts du Gouf, par des profondeurs de 8 et 9 mètres, cette marche des sables s'arrêterait brusquement, jusqu'à ce qu'une modification du fond leur permît de reprendre leur course interrompue.

C'est à dessein que nous mentionnons cette modification; car c'est ici le lieu de placer une remarque importante. Lorsque nous parlons de l'obstacle infranchissable opposé à la marche des sables par une digue conduite jusqu'aux grands fonds, il faut l'entendre, seulement, de l'impossibilité où se trouvent les sables de pourtourner la jetée pour reprendre ensuite leur course le long de la côte. Mais, il est clair que nous ne voulons pas dire qu'une jetée, même prolongée à l'infini, empêcherait la côte de s'atterrir par l'apport des sables roulés par le flot de fond et entraînés par le courant littoral. Ainsi, en prenant pour exemple la pointe St-Martin, déjà citée, et en la considérant comme une sorte de jetée, on voit que le cap, s'avançant jusqu'aux grandes profondeurs, n'a pas été pourtourné par le sable; ce qui n'a pas empêché la côte d'avancer en mer de 120 mètres en 36 ans, soit en moyenne, de 3 mètres 33 centimètres par an. Le sable venu du Nord ne pouvant dépasser l'obstacle qui se dressait devant lui a dû forcément être rejeté à terre et contribuer à augmenter considérablement le volume de la côte.

D'où l'on peut conclure qu'une jetée, quelque prolongée qu'on

la suppose, finit toujours, à force de temps, par être envahie et
pourtournée si l'on n'a soin de la maintenir à distance convena-
ble du rivage et de l'allonger proportionnellement aux atterrissements. On a pu calculer que, dans 130 ans, la pointe Saint-
Martin sera ensablée; que les sables alors trouveront leur point
d'arrêt à l'Atalaye; que cette pointe, après une période nouvelle
de deux siècles, sera, à son tour, envahie et débordée par les
sables.

En admettant donc la construction d'une jetée de 400 mètres,
reliant la terre au Gouf de Capbreton, en reconnaissant pour
normal un avancement annuel de 3 mètres 33 centimètres, on a
une centaine d'années devant soi pour parer au pourtournement
de la digue et pour adopter la mesure efficace du prolongement
progressif de la jetée.

Est-il besoin de dire que nous tenons pour impossible le fait
de l'envahissement de la digue au Gouf de Capbreton? Pour nous
rien n'est plus certain.

Jetez les yeux sur notre carte. Nous avons tracé la ligne A B,
reliant la plage du Vieux-Boucau à l'embouchure de l'Adour.
Cette ligne représente la configuration qu'aurait dû avoir la côte
si l'atterrissement se fût opéré dans les mêmes conditions que
sur le reste de la côte. Mais à Capbreton, il existe une dépression bien marquée, formant un arc de cercle dont la flèche a
2,400 mètres de longueur. Ce sont donc 2,400 mètres d'atterrissement qui ont été épargnés au rivage de Capbreton. (1)

(1) En remontant aussi haut qu'il nous a été possible dans le cours
des âges, nous nous sommes convaincu que le Gouf se trouve toujours
à la même distance de Capbreton, et qu'il n'y a eu aucune modification apportée dans sa configuration, au moins depuis le XVe siècle.
L'examen des documents écrits et des plus anciennes cartes marines
ne nous laissent aucun doute à ce sujet.

L'on pourrait même dire que la mer, loin de reculer, empiète quelquefois sur la côte. En 1823, la douane fit construire un corps de garde
à 150 mètres de la laisse de haute mer, vers l'embouchure de la rivière
de Capbreton. En 1830, la mer s'était assez avancée pour qu'on fût
obligé d'interner cette construction.

D'où vient ce défaut d'atterrissement? Evidemment du Gouf. Car le Gouf est le centre de la dépression, et l'augmentation ou la diminution d'atterrissement se font sentir suivant le plus ou moins de proximité de ce phénomène.

Voilà donc un premier point acquis : le Gouf maintient la côte dans une exemption complète ou presque complète d'atterrissement.

Nous pouvons encore affirmer que la manière d'opérer du Gouf est un mouvement d'expulsion, un déblaiement énergique se faisant sentir du large à terre. En effet, on remarque sur les bords du Gouf des masses de sable qui sont maintenus dans une position assez peu équilibrée et qui tendent à se précipiter dans la fosse ; on a observé, de plus, que des bancs de sable formés à proximité du Gouf disparaissent du jour au lendemain, après de fortes marées ou des mers dures. Voilà une résistance, un mouvement de déblai bien constatés : on peut reconnaître que ce mouvement s'exerce du large à terre et non de terre au large. Dans ce dernier cas les sables seraient engloutis dans le Gouf et devraient s'y retrouver ; du moins, ils y laisseraient quelque trace de leur passage, tandis qu'il n'en est rien ; dans le lit du Gouf il n'y a pas une seule plaque de sable ; tout est vase. Donc, il faut admettre que la force causant le déblaiement se propage du large et opère l'expulsion de face et latéralement.

Ce sont les seuls faits que l'observation ait perçus jusqu'à présent. Nous savons que le Gouf empêche la côte de s'atterrir ; nous savons que sa manière d'agir est un mouvement d'expulsion venant de la haute mer. Cela ne peut-il suffire ? Le *pourquoi* du phénomène nous est connu ; cela ne doit-il pas nous

Les résultats des nouveaux travaux entrepris à Capbreton ne contrarient ces observations qu'en apparence. Il est vrai que les opérations récentes ont atterri la côte et fait reculer la mer. Mais, chose frappante ! la ligne seule du rivage a été modifiée. L'atterrissement n'a pas gagné les premières pentes du Gouf. En un mot, l'intervalle entre la terre et le Gouf a été rétréci, aux dépens seuls du rivage, sans faire perdre au Gouf rien de sa profondeur.

satisfaire? Ne devons-nous pas dire avec le poète : Race humaine, contentez-vous du *quia !* (1)

Mais l'esprit de l'homme est inquiet de pénétrer les arcanes de la nature. Que sa curiosité s'exerce sur les questions principales, ou qu'elle s'attache, comme en cette matière, aux points accessoires, il ne s'arrête que lorsqu'il croit avoir découvert les raisons des choses, le *comment* mystérieux dont le Créateur s'est si souvent réservé le domaine.

On a donc recherché la nature de cette force qui protége le bassin du Gouf au centre des plages où les sables se meuvent sans cesse ; de cette force qui ne permet pas l'atterrissement des côtes voisines.

Quelques-uns croient que les ondes de marée, s'engouffrant dans la fosse, contrariées par les rochers et les accores faisant office de jetées basses, exercent une action de chasse à l'extrémité et sur les flancs du bassin. L'évasement du Gouf, la pente fort douce de ses accores, ne nous permettent pas de croire que l'onde de marée puisse y jamais acquérir une énergie suffisante pour opérer déblaiement.

L'année dernière, nous avons conjecturé qu'une branche du Gulf-Stream, le courant de Rennel, pouvait se projeter dans le Gouf, frapper normalement les côtes de France à Capbreton et rendre raison des effets observés. Nous dirons, en toute simplicité, que nos expériences récentes ne nous permettent plus de soutenir cette opinion.

Voici notre sentiment d'aujourd'hui, celui qui nous semble, jusqu'à présent, le mieux appuyé sur l'observation des faits et les indications de la théorie :

Il résulte des belles recherches de M. Scott Russell sur la vitesse des vagues dans les canaux d'une profondeur donnée, que cette vitesse est beaucoup moindre dans une eau moins profonde, et, au contraire, que la vague marche et se propage très-rapidement dans une eau très-profonde. On peut donc à

(1) State contenti, umana gente, al quia. (Dante : le *Purgatoire*, chant III.)

peu près sonder la profondeur d'un lac ou d'un canal en y exci-
tant des vagues et en mesurant leur vitesse. C'est ainsi que la
profondeur de la Manche, entre Plymouth et Boulogne, a été
évaluée à 60 mètres. C'est encore ainsi que la prodigieuse rapi-
dité des ondes de la marée dans les mers profondes (par heure,
600 kilomètres et au-dessus) a permis de sonder l'Atlantique et
le Pacifique, et nous a donné, en moyenne, 4,800 mètres de
profondeur pour l'Atlantique, et 6,400 mètres pour l'océan Pacifique. Il serait injuste de ne pas rappeler que Lagrange, de
l'Institut, avait déjà trouvé par le calcul les résultats que
M. Russell a déduits de l'expérience, et que M. Thomas Young,
placé par l'Académie des Sciences au rang illustre de ses associés
étrangers, avait modifié en plusieurs points le théorème de
Lagrange (1).

Appliquons ces notions au Gouf de Capbreton.

Relativement aux plateaux adjacents, le Gouf est un canal profond. Tandis que, à droite et à gauche, les vagues sont obligées
de remonter sur un plan incliné à partir d'une distance de sept
à huit milles, de perdre une grande partie de leur vitesse et de
leur énergie en frottements et en cascades, les vagues du Gouf
se propagent tranquillement, gagnent leurs voisines de vitesse et
se présentent à 400 mètres de terre avec une intensité qu'aucun
obstacle n'a amortie. Lorsque ces lames atteignent l'extrémité
du Gouf, elles se heurtent contre les escarpements sous-marins
qui forment les accores de la fosse; elles tendent à s'élancer en
fusées; mais, arrêtés et déviés par les couches d'eau qui les
couvrent, ces courants ascendants se changent en *flots de fond*
qui entraînent les matériaux mobiles et les poussent à terre (2).

(1) Babinet. *Etudes et lectures sur les sciences d'observation;* in-18,
tom. 1, pag. 20.

(2) Le colonel Emy croit que les ressauts, les accores, suffisent pour
former des flots de fond. M. de Caligny estime que le flot de fond doit
son origine à un transport réel de liquide. Nous avons reproduit la
théorie de M. de Quatrefages, qui concilie heureusement ces deux
systèmes opposés.

Repoussés par la résistance des ressauts du rivage, les *flots de fond* du Gouf dont l'énergie est intacte et par conséquent supérieure aux flots des plateaux adjacents, se rejettent à droite et à gauche et établissent ainsi des courants latéraux qui emportent avec eux une grande quantité de sables. Telle est, croyons-nous, l'explication vraie du mouvement de déblai observé aux environs du Gouf de Capbreton.

Mais quelle que soit la valeur de l'explication, un fait est certain, inattaquable : aux environs du Gouf il y a une force qui balaie les sables et empêche l'atterrissement.

Donc, une jetée reliant la terre au Gouf de Capbreton serait protégée contre l'ensablement latéral : 1° par la profondeur d'eau où plongerait son extrémité; 2° par le mouvement de déblai produit par le jeu des ondes dans le Gouf.

§ 5. — Résumé.

Résumons les conclusions de ce long chapitre :

Un port de refuge, avons-nous dit, doit avoir : 1° un accès facile; 2° un chenal sans barre; 3° des travaux d'art à l'abri des ensablements.

Nous avons tâché de prouver qu'un port de refuge établi à Capbreton réunirait ces trois conditions : 1° son accessibilité serait complète; 2° il ne pourrait se former des barres à l'entrée du chenal; 3° l'ensablement ne serait à redouter, dans aucun cas, pour les travaux d'art qu'on y établirait.

Que nous reste-t-il à dire, si ce n'est de souhaiter que l'incertitude cesse sur le sort du port commencé de Capbreton. Déjà, l'année dernière, le Conseil général des Landes émettait le vœu « que les travaux du port de Capbreton fussent complétés « dans le plus bref délai possible, de manière à ce qu'il devînt « port de refuge ou tout au moins port de pêche. » Il ne nous semble pas trop téméraire de répéter ces paroles et d'en désirer l'accomplissement.

Nous nous permettrons encore une observation. Sans doute, il est fort avantageux que notre petite rivière soit endiguée, que ses

berges soient en bon état, que l'estacade du Sud soit construite.
Mais on ne peut nier que ce sont là des travaux essentiellement
accessoires. Tout cela est fait et très-bien fait, et nous n'avons
pas encore de port. C'est que toute la question dépend de la
digue du Nord poussée jusqu'au Gouf. « Il est des personnes,
« disait l'année dernière, dans un remarquable article, notre
« honorable ami, le docteur Duplaà-Garat, maire de Capbreton,
« il est des personnes qui pensaient qu'une estacade au Sud de
« l'embouchure suffirait ; leur opinion se fondait sur l'espoir que
« le courant du havre chasserait les sables venant du Nord au fur
« et à mesure qu'ils se présenteraient. Cette manière de voir n'a
« pas trouvé d'écho parmi nous, et les faits n'ont pas tardé à
« nous donner raison.... Il faut, au contraire, que l'estacade du
« Nord, tout à fait indispensable, soit construite. Alors, les
« sables venant du Nord..... seront pris en flanc par la lame et
« sans cesse rejetés vers la terre (1). »

La jetée du Nord, nous ne saurions trop le redire, est le travail seul important, seul nécessaire. Cette jetée établie dira le
dernier mot sur la question. Si les sables l'envahissent, il ne
reste qu'à renoncer à toute espérance. Si, au contraire, les sables la respectent, que n'est-on pas en droit de demander et
d'attendre de ce port si exceptionnellement doté par la nature?

Nous osons espérer que l'on ne tardera pas à entreprendre ré-

(1) *Messager de Bayonne* du 19 septembre 1861 — De la possibilité
d'établir un port à Capbreton.

L'opinion exprimée dans ce savant article est celle de nos marins les
plus intelligents. Elle concorde, d'ailleurs, parfaitement, avec les données de la science. « Il arrive, dit Paléocapa, qu'une seule jetée cons-
« truite du côté d'où viennent les alluvions peut quelquefois suffire à
« empêcher que l'entrée ne soit obstruée et faciliter la conservation
« du port. Que si, pour obtenir plus complétement ce résultat, il est
« toujours nécessaire de construire sur le côté opposé une seconde
« jetée parallèle ou un peu divergente, il peut cependant être suffi-
« sant de la prolonger beaucoup moins loin que celle de gauche, ce qui
« rend beaucoup plus sûre et facile l'entrée et la sortie des vaisseaux.
« (Loc. cit., pag. 172.) »

solument la construction de cette jetée. Les difficultés de l'opération sont peut-être considérables. Nous savons, qu'en face de l'Océan, l'ingénieur doit avoir sans cesse à la bouche le mot du courtisan de Louis XIV : « Quelle heure est-il ? — L'heure que Votre Majesté voudra ! » « Mais, a dit avec grande raison un de « nos plus célèbres ingénieurs, malgré les grandes difficultés que « présentent les ouvrages hydrauliques, surtout dans les ports « de l'Océan, on parvient à vaincre tous les obstacles lorsqu'on « sait profiter des moments favorables, et s'armer d'une grande « constance dans l'exécution des projets bien conçus et bien ar- « rêtés. (1) »

En ce qui concerne la dépense, elle ne saurait être effrayante. En adoptant le système des jetées en bois dont les avantages sont reconnus (2) et qui est le seul praticable sur nos côtes sablonneuses, le seul facile dans nos contrées forestières, une somme de six cent mille francs, croyons-nous, couvrirait les frais. Nos calculs se basent sur une jetée en bois de pin de 400 mètres de longueur, de 6 mètres de largeur, pleine jusqu'au niveau des basses mers de vive eau, à claire-voie à partir de ce point.

---

(1) De Cessart. Travaux hydrauliques, in-4°, tom. II, pag. 9.

(2) Nous aurions à citer, dit de Cessart à propos des jetées à claire-voie par le sommet, en faveur du projet que nous présentons et des grands avantages qui en résultent pour briser les hautes vagues de la mer, mille exemples pris particulièrement dans les ports de la Hollande. Démontrons qu'on ne pourrait trouver aucun inconvénient à substituer des claires-voies en bois aux murs de revêtement en maçonnerie :

1° On sait bien que des pieux isolés et entourés d'eau ne peuvent avoir à soutenir de grands efforts:...

2° En cas d'accident ou de dépérissement, leur charpente est tellement disposée que les réparations en seront plus promptes, simples et faciles ; avantage qu'on ne trouve point dans les murs de maçonnerie, ni même dans les jetées en charpente, où une pièce de bois peut se pourrir sans qu'on s'en aperçoive et dont les réparations sont tellement difficiles, que l'on est souvent obligé de démonter trente bonnes pièces pour faire le remplacement d'une mauvaise, ce qui exige du temps, des précautions, et expose à des avaries. (Ibid, pag. 19.)

Qu'est cette somme, qu'est une somme d'un million si on la compare aux résultats qu'elle peut produire? Plusieurs centaines de mille francs ont déjà été dépensés à Capbreton, et peu de chose a été fait. Le seul moyen de sauver l'argent dépensé jusqu'ici et d'économiser pour l'avenir des sommes considérables, c'est de faire la jetée du Nord.

Elle se fera. L'Empereur, nous le disons avec la plus respectueuse confiance, a donné la vie au port de Capbreton; c'est lui qui daignera donner l'accroissement à cet embryon encore informe.

CHAPITRE IV.

L'Adour à Capbreton.

—

Nous avons, jusqu'ici, considéré le port de Capbreton isolé-
ment. Cela suffit-il ? Ne doit-on pas surtout l'envisager dans ses
rapports avec le port de Bayonne ? — Quant à nous, il nous
semble possible de concilier tous les intérêts et de donner à
Bayonne, par le moyen de Capbreton, un excellent port de
commerce, qui serait aussi un port de refuge de 1re classe.

§ I. — Des travaux exécutés à la barre de Bayonne.

Il est une chose avérée, c'est que la navigation maritime de
Bayonne est sur le penchant d'une ruine complète. Le chemin
de fer de Bordeaux a ruiné le cabotage alimenté par le Nord de
la France. Les chemins espagnols supprimeront, il ne peut y
avoir de doute, le cabotage du Nord de l'Espagne. Il ne restera
plus que quelques petits caboteurs transportant d'Angleterre des
charbons et des fers.

Le grand désavantage de la navigation est dans le trop petit
nombre de nos grands navires.

Un petit bâtiment est conduit par un capitaine capable d'en
gouverner un grand ; le nombre des hommes d'équipage ne croît
pas proportionnellement à la capacité des navires ; il en est de
même de la valeur première et de l'entretien : en un mot, les

frais généraux sont à répartir sur une plus grande somme de marchandises, dans l'hypothèse d'un plus grand tonnage; aussi nos armateurs doivent-ils exiger un frêt considérable pour obtenir par de petits navires un faible bénéfice. C'est faire une belle part à la concurrence des chemins de fer. C'est par des bâtiments de 800 à 1,000 tonneaux que peut s'opérer économiquement le transport des marchandises par mer.

L'augmentation du tonnage est encore plus avantageuse avec des bâtiments à vapeur. La résistance que le fluide oppose à leur mouvement croît à peu près comme le carré d'une dimension, et leur volume comme le cube de cette dimension. En outre, le poids de la machine n'augmente pas en raison de sa puissance, et son approvisionnement en combustible ne suit pas la progression des nombres qui expriment la capacité du navire (1).

Avec des petits navires, non-seulement le cabotage est perdu, mais encore la navigation hauturière, qui ne peut se faire sûrement et avantageusement que par de gros bâtiments.

Tout le monde comprend donc que pour la marine bayonnaise, la première condition de salut, c'est un port accessible aux navires d'un grand tonnage. Voilà qui explique l'opiniâtreté et l'anxiété avec lesquelles nos concitoyens suivent les travaux entrepris à la barre de l'Adour.

Depuis bientôt trois siècles, Bayonne expie les erreurs d'un valet de chambre de Henri III. Louis de Foix, passant à Bayonne, de retour d'Espagne, où, quoiqu'on en ait dit, il n'a pas construit l'Escurial (2), réussit, malgré la maladresse et la barbarie

---

(1) Frimot. *Mémoire sur l'établissement d'une navigation à grand tirant d'eau entre Paris et la mer.* — 1827, in-8°, pag. 13.

(2) Moréri, au mot *Escurial* et au mot *Foix*, attribue la construction de ce palais à Louis de Foix, mais on ne sait sur quel fondement. Aucune des descriptions du palais n'en fait mention. Lamartinière et Salmon disent que Bramante fut l'architecte. Gregorio Leti (*Vie de Philippe II*, tom. II, pag. 448, année 1563) dit formellement que Jean-Baptiste de Tolède et Jean d'Héméra ont conduit la construction de l'Escurial. Il ne parle même pas de Louis de Foix.

de ses procédés (1), à dévier l'Adour de son cours naturel pour placer son embouchure au point où elle se trouve aujourd'hui.

C'était une funeste inspiration. Entre tous les points de la côte, on ne pouvait choisir un point plus défavorable. Car, précisément, en face de l'embouchure de l'Adour se trouve un plateau de rochers, désigné dans les cartes marines sous le nom de *roches de la barre*, où les flots de fond se forment avec une énergie sans pareille. Les flots de fond de la baie de St-Jean-de-Luz, formés sur la roche *Artha*, n'égalent pas, eux-mêmes, leur impétuosité. (2)

Dans de si fâcheuses conditions, que peuvent l'énergie et la puissance humaines? Que peuvent les efforts de la science et du génie contre les irrésistibles et incessants assauts de l'Océan? Les millions s'ajoutent aux millions, les ingénieurs succèdent aux ingénieurs, les systèmes remplacent les systèmes; la barre se dresse toujours devant l'Adour, formidable et infranchissable.

A l'heure qu'il est, un suprême effort est tenté. Dans son inépuisable bienveillance, l'Empereur a permis une dernière épreuve. Un des plus habiles ingénieurs du savant corps des ponts et chaussées poursuit l'exécution d'un travail qui devrait réussir, si quelque chose pouvait réussir.

---

(1) Cette si merveilleuse entreprise était évidemment manquée et Bayonne à jamais ensevelie sous les eaux, si les éléments ne s'en étaient mêlés et si une crue de la rivière, occasionnée par une fonte abondante de neige que chassait encore un vent impétueux, ne fût venue au secours de l'entrepreneur, tellement déconcerté par les suites de son opération, qu'il s'était enfui. Chaque année, à la cathédrale de Bayonne, on fait une procession en mémoire de cet événement. J'aime à croire que c'est pour remercier Dieu de n'avoir pas permis que notre patrie fût submergée dans ce nouveau déluge.

(2) Pendant la tempête de 1822, les vagues, parties de la roche Artha, avaient jusqu'à 400 mètres d'amplitude, et parcouraient 20 mètres par seconde. Elles marchaient donc près de deux fois plus vite qu'une locomotive faisant dix lieues à l'heure. Des blocs de 4,000 kilogrammes furent soulevés et lancés à plusieurs mètres sur la plage.

Il est impossible de méconnaître ce qu'il y a de significatif, de péremptoire, dans ce qui s'est passé cette année.

A la marée du 25 février dernier, une partie des eaux de l'Adour s'est déversée latéralement à travers la jetée à claire-voie du Nord, et un banc de sable est apparu, émergeant à basse mer, d'une jetée à l'autre de l'embouchure du fleuve, vers leur extrémité, sauf un étroit espace le long de la jetée Sud. Ce banc s'est élevé de 0^m,60^c au-dessus de la basse mer. « Sans les « digues en maçonnerie et les jetées basses, disait a note com-« muniquée aux journaux par la direction des travaux, on aurait « pu voir se renouveler le désastre qui rejeta l'Adour vers Cap-« breton et que Louis de Foix répara si heureusement en 1579, « en barrant au Boucau le lit que le fleuve s'était formé. » Trois jours après le banc ne se montrait plus. La note que nous venons de citer attribue cet heureux résultat aux jetées à claire-voie nouvellement construites. On se demande comment des jetées qui n'ont pu exercer une action préventive, la plus facile de toutes, ont pu si rapidement acquérir une puissance répres-sive considérable? Il faut se répondre que pendant plusieurs marées les eaux n'ayant pas eu d'écoulement suffisant dans la mer se sont accumulées dans le lit de l'Adour; que les marées du 26 et du 27, dont la descente était favorisée par un bon vent d'Est, étaient des marées de vive eau, qui avaient amené dans le bassin du fleuve une grande quantité d'eau. La chasse exercée par le courant, dû à de si heureuses coïncidences, a, sans doute, contribué à dissiper le banc de sable bien plus que les bénignes jetées qui livraient, sans obstacle, des passages latéraux aux eaux de l'Adour.

Un autre fait relatif, non au plus ou moins d'efficacité, mais à la durée, à l'existence même du système, nous donne un second enseignement. A plusieurs reprises, pendant le cours de cette année, sans que la mer ait eu à déployer ses fureurs, des parties assez importantes des jetées ont été démolies par les flots et ont couvert l'Adour de leurs débris. Cependant les bois n'ont pas eu le temps de se pourrir; la mer n'a pu encore ronger les liens de fer; les assemblages n'ont pas été élargis par l'incessant clapotis des ordes. La charpente est dans toute sa force. Il est donc permis de concevoir de l'inquiétude sur la résistance de ces jetées et de se demander si elles pourront longtemps épuiser les colères de la mer déchaînée.

Quant à nous, nous le disons franchement, nous regretterions que les travaux actuellement en construction obtinssent le succès qu'on en attend. Nous le regretterions pour l'avenir de notre pays. Dans les conditions fâcheuses de leur établissement on serait satisfait d'un demi-résultat; par exemple, d'un approfondissement quelconque du chenal, d'une amélioration dans la direction de la passe. Ambition médiocre qui est capable de ruiner à jamais la marine de Bayonne. Fatale conséquence de la faute commise par Louis de Foix et plus regrettable encore! Demi-mesure propre seulement à empirer le mal!

« Il est indispensable, dirons-nous avec un écrivain anonyme, « mais incontestablement très-compétent en ces matières (1), « que le port important de Bayonne puisse offrir aux navires « une meilleure entrée que l'embouchure naturelle de l'Adour « dont la hauteur d'eau sur la barre n'est que d'un mètre à la « basse mer. Il n'est pas moins indispensable, eu égard à sa « position exceptionnelle, que Bayonne soit un port de refuge « pour les vaisseaux de haut bord dans le cas d'une guerre « maritime. »

Les travaux de la barre, ne pouvant jamais obtenir ce résultat, ne nous semblent utiles qu'à deux choses. D'abord, à prouver qu'ayant fait tout ce qu'il était possible de faire pour améliorer l'embouchure actuelle de l'Adour, on n'a pas réussi parce qu'il était impossible de réussir. Ensuite qu'il est temps de sortir de l'impasse où l'on a été engagé par Louis de Foix, et d'abandonner ses errements pour adopter un changement radical de système.

§ II. — De la déviation de l'Adour.

Dans un travail publié l'année dernière (2) et accueilli avec

(1) *Patrie* du 28 avril 1860.
(2) L'*Adour et le Gouf de Capbreton*. Bayonne, 1861, in-8.

une faveur dont j'ai été profondément touché, je me suis efforcé
de démontrer la possibilité de créer à l'Adour une autre embouchure en rapport avec ses destinées.

Le moyen consiste à détourner l'Adour pour le faire déverser
au Gouf de Capbreton.

La principale base de ma thèse est un fait historique :

Aux XIIe, XIIIe et XIVe siècles, Bayonne était une puissante
ville maritime. Son port recevait des navires de sept à huit cents
tonneaux. Oui, de sept à huit cents tonneaux, je ne m'en dédis
pas, parce que je trouve ces nombres exprimés en toutes lettres
dans une lettre-patente de Charles IX, du 22 juin 1491, dépo-
sée en original aux archives de Bayonne.

De nos jours, après trois siècles de travaux à l'embouchure de
l'Adour, des navires de ce tonnage, quoique d'une construction
perfectionnée, éprouvent de grandes difficultés à franchir la
barre; à cette époque reculée, puisque des navires de cette con-
tenance, nécessairement lourds et profonds, pénétraient jusqu'à
Bayonne avant la construction de tous travaux d'art, il fallait que
l'embouchure de l'Adour fût placée en un lieu très-favorisé.

Quel était ce lieu?

J'ai été assez heureux pour le déterminer avec exactitude. Ce
lieu était le Gouf de Capbreton. Les nouveaux historiens de la
ville de Bayonne, dont les travaux ajoutent un nouvel éclat à leur
patrie, eurent l'obligeance de prêter à mes faibles recherches
d'abord l'appui de leur science déjà éclairée, ensuite l'autorité
de leur parole. Aujourd'hui, le doute n'est plus permis. « L'em-
« bouchure de l'Adour, disent-ils (1), se trouvait proche de
« Capbreton, en face du quartier de Boret, l'une des limites
« extrêmes de la juridiction de Bayonne. Au lieu de se jeter,
« comme aujourd'hui, dans la mer à environ quatre kilomètres
« de la ville, le fleuve, à la hauteur de Blancpignon, déviait
« brusquement vers le Nord, courait le long de la côte à travers
« les territoires d'Ondres et de Labenne, et ne débouchait dans

_____

(1) *Etudes historiques sur la ville de Bayonne*, par Jules Balasque,
avec la collaboration de E. Dulaurens. Bayonne, 1862, in-8, pag. 146.

« le golfe de Gascogne qu'aux environs du point désigné sur les
« cartes marines sous le nom de *Fosse* (*Gouf*), point situé à
« dix-huit (14 ?) kilomètres environ de l'embouchure actuelle,
« artificiellement ouverte en 1578 par le célèbre ingénieur Louis
« de Foix. Un hameau de Capbreton, celui de la Pointe, doit son
« nom (que la configuration des lieux rendrait maintenant in-
« compréhensible), à la circonstance qu'il occupait jadis
« l'extrémité septentrionale de l'étroite langue de terre serrée
« depuis Blancpignon jusqu'au Gouf, d'un côté par la mer, de
« l'autre par le fleuve. De là aussi le nom de port de la Pointe,
« donné au havre ou boucau de Bayonne dans le courant du
« XIIe et du XIIIe siècle. »

L'Adour se jetait donc autrefois au Gouf de Capbreton, et
c'est à cette embouchure que Bayonne doit peut-être son nom
(*Baia*, *ona*, port bon) et, à coup sûr, sa prospérité pendant le
moyen-âge.

Plus tard, cette embouchure a été déplacée. Les savants auteurs
dont je viens de citer le témoignage ne resteront pas longtemps,
je l'espère, sans nous faire connaître les causes de ce cataclisme.
Jusqu'à présent, on estime comme probable que l'orage fameux
de 1360, qui tua dans le camp d'Edouard III, établi dans la
Beauce, plusieurs milliers d'hommes et de chevaux et emporta
l'artillerie et les bagages, produisit le bouleversement dont nous
parlons, en précipitant dans le lit de l'Adour les sables mouvants
des dunes. Depuis cette époque, l'Adour, dévoyé, se tourmente
dans la prison qu'on lui a faite, et Bayonne n'a pu retrouver
qu'une ombre de sa splendeur maritime.

De la connaissance de ces faits, il y a une conclusion, une
seule conclusion à déduire : l'Adour, ayant eu partout une
détestable embouchure, excepté à Capbreton, il faut remettre à
Capbreton l'embouchure de l'Adour.

J'ai fait part de ma conclusion au public, non sans entourer
mon idée de beaucoup de ménagements. Je dois rendre cette
justice au public : c'est que, malgré mes précautions oratoires,
il a été aussi effrayé que moi-même de la nouveauté de l'idée.

Nous aurions pourtant dû nous dire qu'il n'y a rien de nouveau sous le soleil. Le télégraphe électrique et le télescope existaient chez les anciens Celtes. La machine à vapeur fonctionnait chez les Byzantins, sous les Paléologues. Un moine du XIIIᵉ siècle, Roger Bàcon, parle des bateaux à vapeur, des ballons, des ponts suspendus, etc. Si Aristote n'avait décrit le Nouveau-Monde, il serait aisé de prouver que la priorité de la découverte de l'Amérique appartient aux Capbretonnais, qui allaient y prendre des baleines et des morues, et relâcher à l'île de Capbreton cent ans avant Christophe-Colomb. Après cela, il n'est pas surprenant que l'idée de la déviation de l'Adour à Capbreton soit une idée ancienne. On pourrait se charger de faire jaillir cette vieillerie de deux lignes quelconques, écrites sur le port de Capbreton ou le port de Bayonne. Et, sans qu'il soit nécessaire de remplir un volume de témoignages, rapportons ici le grave sentiment du colonel Emy, extrait de son ouvrage magistral, intitulé : *Du mouvement des ondes et des travaux hydrauliques maritimes,* in-4°, 1831, pag. 101 et suiv.

L'auteur, après avoir rendu compte de l'opération exécutée par Louis de Foix, en 1578, poursuit ainsi :

« Louis de Foix espérait débarrasser la navigation de l'obstacle d'une barre ; il est à présumer qu'il avait ce résultat pour but plutôt que de diminuer, comme on l'a cru, la longueur du cours du fleuve, qui fertilisait et assainissait alors une assez grande étendue du sol. Il pensait sans doute qu'un courant plus direct et plus rapide repousserait les sables. Ce travail lui valut de grands éloges, mais le but fut manqué ; une nouvelle barre se forma bientôt, et sans les belles jetées entre lesquelles d'habiles ingénieurs ont resserré le fleuve vers 1729 et lui ont donné une plus grande énergie, l'abondance des sables aurait comblé la passe et forcé l'Adour à se former de nouveau un lit parallèle à la côte et bordé de nouvelles dunes.

« Pour délivrer l'Adour de sa barre, on a proposé de faire arriver dans son lit les eaux des étangs de Tarnos, d'établir des écluses de chasse et de prolonger les jetées. »

Il n'a pas été difficile au savant écrivain de faire ressortir l'inutilité ou l'impraticabilité de ces divers moyens. A son tour, il en propose un nouveau :

« Un moyen beaucoup plus simple et beaucoup moins dispendieux, dont le succès est également certain, dans le cas particulier de l'Adour, c'est de rejeter ce fleuve dans le lit d'où Louis
de Foix l'a retiré, mais seulement jusques au cap Breton, sur
une longueur de 14 mille mètres environ, moindre de moitié, par
conséquent, que celle de son ancien cours. On lui ouvrirait près
du cap Breton une embouchure que deux jetées parallèles très-
courtes prolongeraient en chenal jusqu'au Gouffre, grand espace
de la mer, bien connu des marins de ces parages, dans lequel les
ondes ne brisent jamais, même à la côte, pendant les plus grosses
tempêtes, parce que, vu sa profondeur, qui est de 20 à 30 mètres
d'eau, il n'y a jamais de flots de fond. Il n'y aurait, par conséquent, aucune barre à craindre à cette embouchure.

« Le fond du Gouffre est de vase et de sable, c'est un excellent
mouillage. Sa direction est O.-N.-O., à peu près perpendiculaire
à la côte; il paraît être formé par un enfoncement accidentel, qui
n'a point de rapport avec la configuration générale de la côte. La
pente vers le large est fort douce, c'est ce qui fait que dans les
violentes tempêtes, les très-grosses ondes, dont le mouvement
atteint le fond, sont amorties dans leur trajet, et, par la même
raison, le Gouffre, comme rade, ne peut jamais être d'une
mauvaise tenue; il ne peut y avoir ni ondes courtes, ni lames
clapoteuses.

« En portant donc l'embouchure de l'Adour au Gouffre, les
bâtiments pourraient y entrer en tout temps et en tout état de
marée. Cette embouchure deviendrait un excellent port, non-
seulement pour un grand commerce, mais aussi comme un refuge
manquant au fond du golfe de Gascogne, où l'on ne trouve que le
port du Socoa, dans la baie de Saint-Jean-de-Luz, qui ne peut
recevoir que de petits bâtiments.

« Dans l'hypothèse du canal des Landes, il n'y aurait que de
l'avantage à porter l'embouchure de l'Adour au Gouffre. Le canal
joindrait le fleuve dans le port même, et l'on économiserait une
grande partie de son développement.

« On voit que si Louis de Foix, au lieu d'ouvrir le lit de l'Adour
dans son ancienne direction, là où est aujourd'hui l'embouchure,

l'eût ouvert au Gouffre, il eût obtenu un plein succès; il eût épargné l'immense dépense des jetées qui encaissent une partie de la rivière sans atteindre complétement le but qu'on se proposait, et toute la dépense qui reste à faire, quel que soit le parti qu'on prendra.

« On doit voir également que ce moyen de donner à l'Adour un libre débouché dans l'Océan est le seul efficace, et que toute dépense tendant à débarrasser l'embouchure actuelle de sa barre sera exorbitante ou n'aura point de succès.

« Pour porter l'embouchure de l'Adour au Gouffre les frais ne seraient pas considérables, puisque l'ancien lit n'est pas comblé, qu'il ne s'agirait que de le déblayer de quelques sables que le vent y a jetés des dunes voisines, et dont on préviendrait le retour par des semis de pins maritimes sur les deux rives.

« Il serait aisé de prouver que ce pays gagnerait beaucoup au rétablissement du cours de l'Adour dans une partie de son ancien lit, et que la ville de Bayonne y gagnerait aussi à cause de l'accroissement de son commerce dès que son port serait affranchi de cette barre que l'on n'approche pas sans crainte. Mais ce n'est pas ici le lieu de cette discussion ; il suffit d'avoir fait voir comment la théorie des flots de fond conduit à la solution du problème important de la barre de l'Adour. »

Je n'ai pas connu assez tôt ces pages d'une si ferme et si lumineuse science. Elles m'eussent épargné, il y a quelques mois, bien des indécisions. Elles auraient évité peut-être à quelques-uns de mes lecteurs beaucoup de doutes et de défiances. Je m'empresse de m'abriter sous une si respectable autorité, me contentant d'opposer aux difficultés qu'on pourrait présenter des réponses empruntées encore à des écrivains compétents.

Il n'y a pas de pente de Bayonne à Capbreton. Quelques personnes y voient un grand obstacle à la déviation de l'Adour. « Dans les commencements, la pente du terrain peut seule déter- « miner les eaux à couler; mais lorsqu'une fois l'impulsion s'est « communiquée à la masse, la pression seule de l'eau la fait « couler, la pente fût-elle même nulle. Plusieurs grands fleuves « coulent, en effet, avec une pente presque insensible. L'Amazone

« n'a, sur deux cents lieues marines, que 3ᵐ,50ᶜ de pente, ce qui
« fait 3 millimètres par kilomètre. La Seine, entre Valvins et
« Sèvres, a 325 millimètres de pente sur 2,150 mètres. La Loire
« a, entre Pouilli et Briare, 30 centimètres sur 400 mètres ;
« mais entre Briare et Orléans, seulement 30 centimètres sur
« 700 mètres, etc. Même les rivières les plus rapides ont une
« moindre pente qu'on ne le pense communément. (1) »

On craint encore que la longueur plus grande du parcours de
l'Adour ne modifie désavantageusement le régime de la rivière
aux environs et au-dessus de Bayonne ; n'expose aux inondations
par une surélévation du lit, et n'entrave la navigation par une
diminution du tirant d'eau. Nous venons de voir que lorsque
l'Adour se jetait à Capbreton, des navires de sept à huit cents
tonneaux arrivaient à Bayonne. Qu'on ne tienne pas compte, si
l'on veut, de ce fait ; mais qu'on pèse sérieusement les considérations suivantes : « L'abaissement des mers basses que l'on
« obtient en améliorant l'embouchure d'une rivière, en réduit
« d'abord la section, principalement sur les hauts-fonds les plus
« voisins de la mer, et y rend la vitesse des courants plus grande.
« Ceux-ci entraînent les obstacles dont se compose le lit du
« fleuve et l'approfondissent. L'abaissement des seuils, et, en
« général du lit du fleuve, se fait alors progressivement de l'aval
« à l'amont, et lorsque l'équilibre mobile qui existe entre la
« vitesse des eaux et la résistance du fond s'est enfin rétabli, la
« rivière retrouve à mer basse à peu près la profondeur qu'elle
« avait avant les travaux. Comme les pleines mers atteignent
« toujours la même hauteur, on gagne, en définitive, au mo-
« ment du plein, une quantité d'eau qui équivaut environ à
« l'abaissement du niveau des basses mers.

« Cet abaissement, provenant de la disparition des obstacles
« qui s'opposaient au libre écoulement du fleuve à son embou-
« chure, a, d'ailleurs, généralement pour effet de relever le
« niveau des pleines mers en amont durant les étiages et y fait
« ainsi gagner une nouvelle profondeur d'eau. En temps de crue,

(1) Malte-Brun. *Géographie physique*, Chap. vii.

« l'abaissement des basses mers diminue la hauteur qu'atteignent
« les pleines mers, comme le démontrent les lieux géométriques.
« Il en résulte que le régime des marées se régularise, et que
« les rives de la partie amont du fleuve sont moins fréquemment
« inondées.

« La quantité d'eau qui entre et qui sort à l'embouchure se
« trouve aussi notablement accrue, ce qui augmente beaucoup
« l'action des eaux du fleuve pour faire des chasses à son em-
« bouchure et pour l'améliorer (1). »

Nous avons entendu parler de la dépense exorbitante qu'occa-
sionnerait la déviation de l'Adour, ce qui rendrait le projet impra-
ticable. Il suffit, pour faire tomber ces calculs fantastiques, de
citer les propositions que des hommes de grand talent et de
supérieure expérience ont faites en des circonstances à peu près
semblables. « Le parcours actuel du Rhône d'Arles à la mer est
« de 48 kilomètres. En faisant une dérivation de ce fleuve au
« Valcarès, immense étang qui, avec ceux qui le suivent jusqu'à
« la mer, a une étendue de 20,000 hectares environ, on rédui-
« rait ce parcours à 14 kilomètres et demi. Cette dérivation
« n'aurait, bien entendu, pas besoin d'être creusée, il suffirait
« d'édifier deux digues parallèles de 4 mètres de hauteur
« moyenne, laissant entre elles une espace de 3 à 400 mètres, et
« de supprimer l'endiguement du fleuve en cet endroit ; les deux
« ou trois premières crues se chargeraient du creusement du lit
« de ce nouveau bras.. ... Les digues à construire partant d'un
« point situé à 300 mètres en amont de l'endroit dit le Port-de-
« Pâques, auraient en tout 16 kilomètres de longueur. Au prix de
« 60 fr. le mètre courant, y compris l'empierrement des talus
« intérieurs, elles occasionneraient une dépense de 960,000 fr.;
« en y ajoutant l'achat des terrains (300 hectares dont la moitié
« est en nature de marais), une petite digue de 1 mètre de
« hauteur moyenne longeant le Valcarès et les étangs contigus

---

(1) Partiot. *Etude sur le mouvement des marées dans la partie maritime des fleuves.* 1861, in-8, pag. 49.

« jusqu'à la mer, enfin un pont volant pour communiquer
« avec la portion de la Camargue isolée par ce nouveau bras
« du fleuve, on arriverait probablement à une dépense de
« 1,500,000 fr. (1). »

Que l'on calcule sur ces bases un projet de déviation de
l'Adour à Capbreton, et l'on trouvera qu'avec une somme de 5 à
6 millions on arrive à couvrir toutes les dépenses, à quelque
taux élevé qu'on les suppose.

Il ne nous resterait à examiner que les difficultés naissant de
la rencontre entre le fleuve et la mer. Mais, après ce que nous
avons dit dans cette étude, en particulier à la fin du troisième
chapitre, il ne nous semble pas utile de revenir sur ce sujet.

Quant à ce qui concerne la forme à donner au thalweg, l'incli-
naison des talus, l'empierrement des berges, etc., le lecteur
souffrira que nous n'entrions pas dans ces détails purement de
construction. Il aura déjà remarqué qu'en toutes choses nous
avons eu soin de tout considérer seulement au point de vue le
plus général.

Nous renvoyons le lecteur à notre travail de l'année dernière
pour tout ce qui concerne les avantages que retireraient de l'exécution de ce projet l'agriculture, la force militaire de la France
et le commerce de Bayonne.

§ III. — Du canal maritime de Bayonne à Capbreton.

La déviation de l'Adour n'est pas l'unique moyen de créer un
grand port à Bayonne par le moyen du Gouf de Capbreton. On a
proposé à diverses reprises l'exécution d'un canal maritime qui
relierait Capbreton à Bayonne.

Le peu de succès des expériences tentées dans le but d'améliorer les barres des fleuves paraît aujourd'hui faire prévaloir
une opinion radicale dans cette question. Elle consiste à aban-

---

(1) V. Fabré. *Du mouvement des eaux sur les continents*. Paris,
1858, in-4°, pag. 13 et 14.

donner à leur capricieuse instabilité les embouchures naturelles
des fleuves, et à creuser une embouchure artificielle, au moyen
d'un canal défendu à l'amont par une écluse, et dérivé vers
l'aval sur un point de la côte plus accessible aux navires. Cette
écluse de défense, qui ne s'ouvre que pour le passage des navires, établit la différence essentielle entre le bras naturel et le
canal maritime. Sa présence empêche les vases et autres matériaux roulés par le fleuve de pénétrer dans le canal et d'en
obstruer le lit. Dès lors, les embouchures naturelles sont livrées
à elles-mêmes; la marine s'engage avec sûreté dans le nouveau
bras et pénètre facilement dans le bassin du fleuve.

Tel est le remède radical que de savants ingénieurs proposent
d'appliquer à nos grandes rivières. Une étude de longue haleine,
publiée par un de nos grands journaux (1), examinait les travaux
à exécuter pour les quatre principaux fleuves, et évaluait
la dépense à 100 millions environ. Le gouvernement a déjà fait
un pas dans ce sens en ordonnant la construction d'un canal
maritime à Port-Louis, pour le service du Rhône.

La pensée de créer un canal maritime de Bayonne à Capbreton
ne pouvait manquer de se présenter à l'esprit des Capbretonnais.
Ils se souvenaient trop bien que l'ancien lit de l'Adour servit
pendant de longues années de communication entre Bayonne et
Capbreton, qu'un courant alimenté par un bras de l'Adour y
coulait encore le 28 septembre 1716, et que les tiolliers de
Bayonne venaient y faire la pêche à la fin du siècle dernier. Et
qui sait, si aujourd'hui cette ressource existait, de quelle utilité,
de quel poids elle serait pour la décision? Mais les précautions
inquiètes de la commune de Bayonne, le désir de réserver toutes
les eaux pour combattre la barre, ont détruit cette communication et l'ont livrée à l'envahissement des sables.

En 1837, néanmoins, le Conseil municipal de Capbreton,
rappelant les motifs exposés en 1812 et 1814, délibéra une
demande tendant à obtenir le curage de l'ancien lit de l'Adour.

(1) *Patrie*. Dans les numéros d'avril et de mai.

Le Conseil général des Landes, dans sa session du mois d'août, appuya la délibération ci-dessus, en l'agrandissant, toutefois, par la demande de la création d'un port et d'un canal maritime communiquant avec l'Adour.

L'administration des ponts et chaussées et celle de la marine s'émurent de cette demande. Elles se firent donner des renseignements et envoyèrent des commissions. Il y eut du mouvement jusqu'en 1840; puis, il ne fut plus question de rien.

L'idée vient d'être reprise par M. Maignon de Roques, qui a communiqué un avant-projet au public, à la date du 15 mars 1862 (1).

L'auteur de ce projet, avec l'autorisation de M. le ministre des travaux publics, poursuit les études sur les lieux mêmes. Le résultat n'étant pas encore connu, nous ne pouvons dire quelles sont les bases définitives de l'entreprise.

Assurément, il est loin de notre esprit de vouloir rabaisser les avantages que présenterait un canal maritime reliant Bayonne à Capbreton. Sur ces deux idées, la déviation de l'Adour et le canal maritime, si on nous demandait : laquelle a raison ? nous répondrions peut-être, sous la première impression, comme Henri IV : Ma foi! elles ont raison toutes deux !

Cependant, en pesant mûrement les choses, nous arriverions à nous dire ceci : un canal maritime n'est nécessaire que lorsque l'embouchure d'un fleuve est irrémédiablement condamnée; que s'il existe un moyen de procurer au fleuve une embouchure favorable, il faut choisir ce moyen de préférence à tout autre. La raison est qu'il ne faut pas multiplier les êtres inutilement (c'est le grand principe d'Aristote!) et qu'un bras naturel de rivière en de bonnes conditions, comme la Clyde, par exemple, présente des avantages infiniment supérieurs à ceux de tout canal.

En descendant au particulier, nous pouvons nous convaincre que l'embouchure de l'Adour, transportée à Capbreton, procu-

(1) *De l'avenir de Bayonne, de son port et du canal de Capbreton;* in-4°, avec une carte.

rerait un bras naturel pourvu de toutes les qualités requises. Il n'y aurait donc lieu à créer un canal maritime que dans le cas où la déviation de l'Adour entraînerait à des dépenses considérables. Mais ici surtout apparaît l'avantage d'une simple déviation. Un canal doit être creusé tout entier de main d'homme ; il doit être pourvu d'écluses dont la construction exigerait des millions ; les travaux d'art doivent être conduits assez avant dans la mer. En calculant au plus bas, on arrive bientôt à un total de 25 millions de francs pour l'établissement d'un canal maritime. C'est beaucoup, surtout si on compare cette somme à celle que demanderait la déviation simple de l'Adour.

Encore la dépense de la déviation serait-elle couverte en partie par le desséchement des marais d'Ondres et de Tarnos, et par la complète mise en disponibilité des anciens endiguements de l'Adour, si propres à l'établissement de chantiers et d'arsenaux. Avec un canal, il n'y a pas d'écoulement possible pour l'eau des marais susdits ; et les trois kilomètres des magnifiques digues en pierre de l'Adour continuent à être absorbés inutilement par l'embouchure naturelle du fleuve.

Enfin, il serait beau, sans doute, de conduire à Bayonne, par un canal maritime, des navires de toute grandeur. Mais il ne faut pas oublier qu'ils ne pourraient entrer en rade dans l'état actuel des choses. Le thalweg de l'Adour a été tellement manié et remanié sans ordre et sans mesure, que les profondeurs sont extrêmement variables. En face de l'arsenal maritime, on trouve généralement, par les marées les plus basses, des profondeurs de 28 à 34 pieds d'eau ; à quelques pas plus loin, il n'y a que des fonds de 8 à 12 pieds. Un canal maritime laisserait évidemment les choses dans ce même état. Tandis que la déviation de l'Adour, en permettant d'établir un thalweg suivant les données de la science, donnerait au courant une puissance et une action, que les coudes, les élargissements et les rétrécissements, s'appliquent en ce moment à faire disparaître complétement. En adoptant pour largeur normale la largeur de l'Adour en face de l'arsenal, et en augmentant cette largeur, dans de justes proportions, à mesure qu'on approcherait de la mer, nous pensons qu'on pourrait obtenir dans le parcours du fleuve une profondeur, à marée basse, de 25 à 30 pieds.

Encore une fois, ce ne sont ici que de simples réflexions personnelles qui n'enlèvent rien à la valeur et à l'incontestable utilité du projet de M. Maignon de Roques. Nous souhaitons vivement la réussite à notre collègue ès-Adour, et nous prenons la liberté de lui recommander de ne se point laisser rebuter par les obstacles. Il ne serait pas mauvais qu'on dit de nous ce qu'on dit des Franc-Comtois : Dans ce pays-là, lorsqu'ils ont une idée, ils meurent avec !

Eh bien ! donc, pas de défaillance ! et dans la mesure de notre faiblesse, faisons des efforts afin que par le travail, le travail qui, selon la belle expression de M. Valras, est une guerre déclarée à la parcimonie de la nature, la France arrive à établir une source de force et de richesse

Parmi ces monts de sables enflammés et mouvants
Que font et que défont les caprices des vents.

(Chapelain. La Pucelle, Chant 1.)

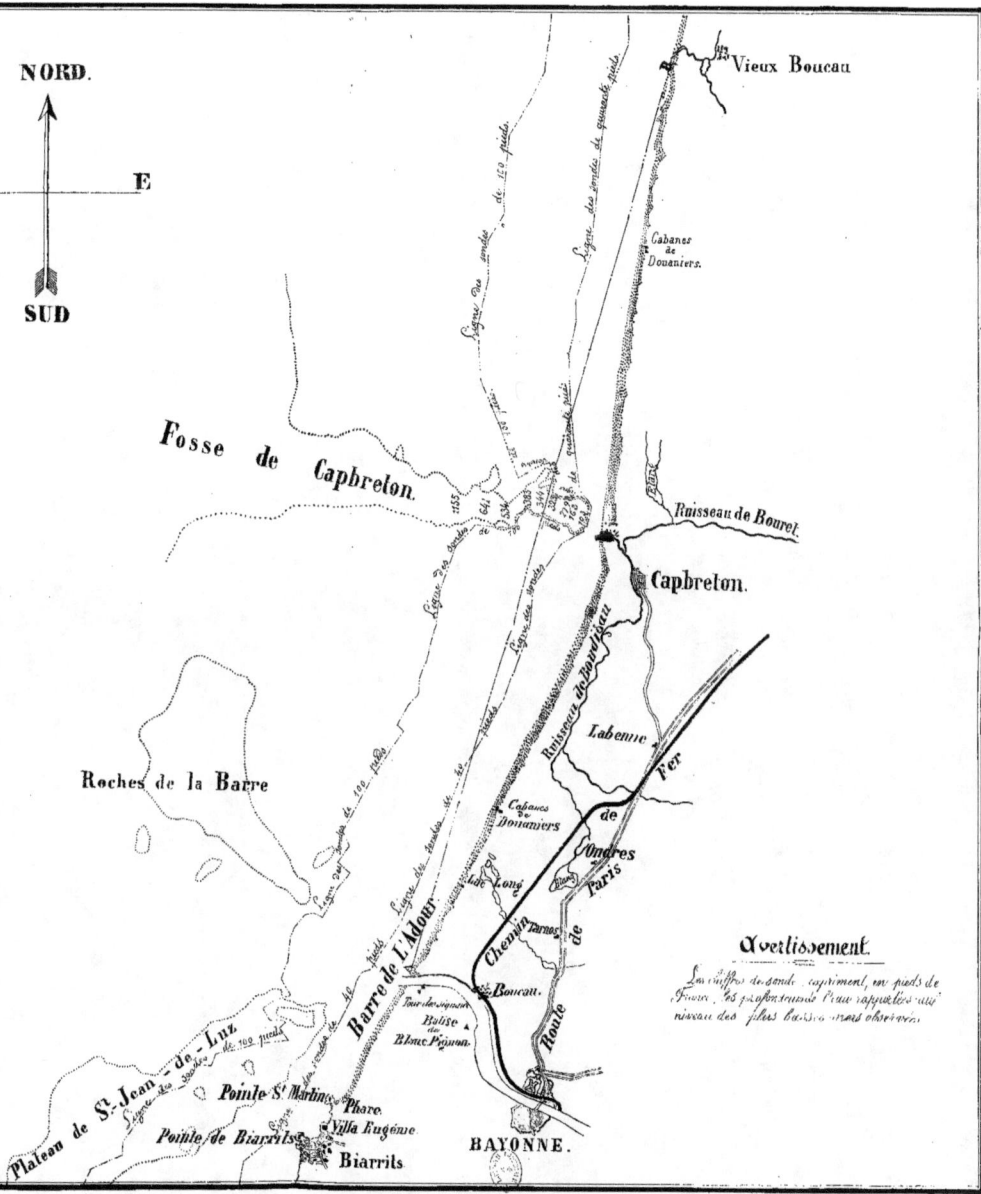

NORD.

E

SUD

Fosse de Capbreton.

Vieux Boucau

Cabanes de Douaniers.

Ruisseau de Bouret.

Capbreton.

Labenne

Roches de la Barre

Fer

Cabanes de Douaniers

de

Ondres

Paris

Avertissement.

Barre de l'Adour

de

Chemin

Route

Plateau de St-Jean-de-Luz

Pointe St Martin

Boucau

Phare.

Villa Eugénie

Pointe de Biarritz

Biarritz

BAYONNE.

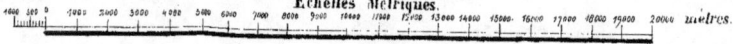

Echelles Métriques.

metres.

L'étude qui précède a eu pour but de passer en revue les avantages et les inconvénients des deux partis entre lesquels on a à choisir pour la création d'un port à Capbreton.

Un bon port de refuge peut y être établi avec les éléments tels qu'ils se présentent aujourd'hui. « Créer un port sans l'aide de la nature, violenter la mer, la dominer, lui imposer une rade artificielle et maintenir cette rade en dépit des causes naturelles d'envasement, est un problème qui a cessé d'effrayer l'art moderne. » (1) Créer un port, au milieu des circonstances si favorables de Capbreton, serait une victoire facile pour la science de l'ingénieur.

En déviant l'Adour de son embouchure actuelle pour le faire déboucher au Gouf de Capbreton, on obtiendrait non-seulement un port de refuge excellent, mais encore un port de grand commerce qui vivifierait Bayonne et le Sud-Ouest de la France. La déviation de l'Adour, entre-

(1) Ferret et Galinier. — *Voyage en Abyssinie*, tom. 1, pag. 214.

prise périlleuse et colossale au premier abord , est, en réalité, la solution la plus certaine et la moins coûteuse.

Nous pensons toutefois que la réalisation de ce projet rencontrera de grands obstacles. Il y aura à lutter, non contre la matière; il n'y a pas de difficultés naturelles : mais contre l'esprit. Aussi le triomphe ne sera assuré qu'après l'épuisement complet de toutes les péripéties suscitées par la circonspection et l'esprit d'habitude. Après la création d'un port artificiel à Capbreton ; d'un canal reliant Bayonne à Capbreton ; après bien d'autres choses peut-être, il sera temps d'abandonner le complexe pour adopter le simple. Alors, sans doute, l'heure sera venue de faire déverser l'Adour dans le Gouf de Capbreton.

Quoiqu'il arrive, nous aurons profité, en quelque manière, de cette grande leçon d'un doux et sympathique penseur : « Quiconque est d'avis de laisser la vérité faire « toute seule ses affaires n'est pas son ami... Le devoir « de qui possède la vérité , c'est de la dire avec ou sans « espérance ; c'est de ne pas laisser aux seuls événe- « ments l'honneur de la démontrer et de l'imposer. » (1)

Capbreton, 8 septembre 1862.

_____

(1) Alex. Vinet. — *Essai sur la manifestation des convictions* , pag. 45.

TABLE DES MATIÈRES.

Bayonne, imprimerie de veuve LAMAIGNÈRE, rue Chegaray, 39.

* 9 7 8 2 0 1 3 7 2 9 6 2 8 *